狄更斯传

何艳芬◎著

时代文艺出版社

图书在版编目（CIP）数据

狄更斯传 / 何艳芬著．—长春：时代文艺出版社，2015.12（2023.7重印）
（世界文学大师传记丛书）

ISBN 978-7-5387-4846-8

Ⅰ．①狄… Ⅱ．①何… Ⅲ．①狄更斯，C.（1812～1870）－传记 Ⅳ．①K835.615.6

中国版本图书馆CIP数据核字（2015）第210575号

出 品 人　陈　琛
责任编辑　余嘉莹
装帧设计　孙　利
排版制作　隋淑凤

狄更斯传

何艳芬 著

出版发行 / 时代文艺出版社
地址 / 长春市福祉大路5788号　龙腾国际大厦A座15层　邮编 / 130118
总编办 / 0431-81629751　发行部 / 0431-81629755
官方微博 / weibo.com / tlapress　天猫旗舰店 / sdwycbsgf.tmall.com
印刷 / 北京市一鑫印务有限公司
开本 / 710mm × 1000mm　1 / 16　字数 / 150千字　印张 / 12
版次 / 2015年12月第1版　印次 / 2023年7月第3次印刷　定价 / 36.00元

图书如有印装错误　请寄回印厂调换

目录

Contents

序言

时代的旗帜

查尔斯·狄更斯是英国最伟大的作家之一。在英国近代文学史上，大概只有狄更斯能够和莎士比亚相媲美。如果说莎士比亚是英国文艺复兴时期最伟大的戏剧家和诗人，那么狄更斯就是维多利亚时代最杰出的批判现实主义小说家。马克思、恩格斯盛赞他为“出色的小说家”、“时代的旗帜”。

尽管狄更斯只用英语进行写作，但他的作品却被翻译成各种文字，传遍了全球，深受世界各国人民的喜爱。尤其在以英语为母语的国家中，狄更斯更是无人不知无人不晓。几乎每个家庭中都有一两本狄更斯的小说，甚至连孩童都能说出很多小说中极具个性的人物，如匹克威克、大卫·科波菲尔、奥列佛·退斯特等。

在狄更斯之前，没有一个人能够通过写小说成为万人敬仰的大作家。他只需要动动笔，不管写的是什么内容，必定“洛阳纸贵”。即便是在遥远的北美和澳洲，印有狄更斯名字的书籍也会成为人们竞相抢购的对象。《老古玩店》连载的时候，很多纽约人迫不及待地涌向码头向运载着小说最新章节的英国油轮打听："小耐儿死了吗？"

乔治·亨利·路易斯是与狄更斯同时代的作家，他对狄更斯的评价非常之高。1837年，他感慨万千地谈到狄更斯："多少年来，还没有哪个人像博兹（狄更斯的笔名）那样闻名。他的那些作品不限于贵族、法官、商人的帮办等男女老少的读书人；也不论是严肃的、轻佻的、技巧的、有才智的、崇尚道德的，还是没有文化的,城乡普通百姓都被吸引。我们常常看见店铺里的小伙计肩上掮着托盘，忘我地读着最近一期的《匹克威克外传》。那些听差们的虚荣心在博兹笔下无处遁形，当然还有女佣和扫烟囱的，总而言之，各个阶层都读博兹。"

狄更斯生前受到了人们的热烈追捧。如今，他仍然是英国人最喜爱的小说家，其声名没有受到任何动摇。2012年是狄更斯两百周年诞辰。英国各地举办了一系列的展览来纪念这位伟大作家。每天都有大量的民众前去参观狄更斯博物馆。同时，在世界范围内展开了一场纪念狄更斯的朗诵活动，来自各个不同国家的读者声情并茂地朗诵了狄更斯的作品，借此表达对他的热爱。

英国是一个崇尚文学的民族，在各个时代均有杰出的作家出现，但狄更斯却一直深受英国人民的喜爱，这是因为狄更斯本人经历过底层人民的生活，使得他的作品具有某种"草根性"。

狄更斯的家境并不富裕，不善理财的父亲经常使家庭陷入入不敷出的艰难境地。狄更斯幼年时还被迫做过一段时间的童工。这样的经历不仅使狄更斯得以窥视底层人民最真实的生活状态，也潜移默化地培养了他对苦难者的深切同情。狄更斯在作品中创造了很多来自于社会底层的典型形象，比如《远大前程》中的皮普，这些形象给普通读者带来了欢乐和感动，也拉近了他和读者之间的距离。

英国一直有将狄更斯的作品搬上屏幕的传统，其原因也正在于此。在英国，与狄更斯作品有关的电影不下三百部。有一些经典作品更是多次被翻拍，而且每次都受到广大观众的热烈欢迎。

狄更斯“草根性”背后，蕴含着非常深刻的社会内涵。狄更斯生活的时代是英国的维多利亚时期，当时，轰轰烈烈的工业革命使得英国达到国家繁荣昌盛的顶峰。尽管整个国家极为富裕，但是财富的分配却始终不均，社会上存在着极大的贫富差距。而且，当时的英国并未建立起对弱势群体的保护制度，童工、妓女等社会问题日益突出。

狄更斯是维多利亚时代最为杰出的作家，他理所当然地会关注这些尖锐的社会问题。他在自己的小说中多次表现出贪婪、自私与社会关爱之间的对立。以《圣诞欢歌》为例，狄更斯通过诠释蕴含在“圣诞”中的社会关爱主题，引起了人们对于这一主题的激烈讨论，使一度式微的圣诞节又重新成为英国最为隆重的节日。

狄更斯的作品除了引导人们思考人性，还无情地揭露造成公正缺失、人性扭曲的社会制度。缺乏监管的投机市场、臃肿而低效的官僚体系、糟糕的工厂用工制度等，都是狄更斯批判的对象。

狄更斯为人一方面充满自信，极具魅力，愿意设身处地地为别人着想，另一方面又独断专横，有着强烈的控制欲望。他坚信世间的所有事情都能通过不懈的努力来完成。这样的自信帮助他获得了巨大的成功和国际声誉，但同时也摧垮了他，导致他精疲力竭，未老先衰。

狄更斯二十四岁的时候因为《匹克威克外传》而一夜成名，此后他便从未停止过写作。他是一位多产的作家，《匹克威克外传》还未完稿，他就着手创作《奥列佛·退斯特》，《奥列佛·退斯特》还没有写完，他就开始创作《尼古拉斯·尼克尔贝》，直到去世的前一天，狄更斯仍然笔耕不辍，继续着小说的创作。

对于这样一位杰出的作家，很多读者都抱有极大的兴趣，希望能够了解狄更斯的生平事迹。本书以时间为主线，记述了狄更斯从出生到死亡的主要经历，全面地为您呈现一个真实、鲜活的狄更斯。

第一章 幸福童年

1. 恩爱的父母

当森林中的小鸟用歌声送走最后一缕黑暗的时候，约翰 · 狄更斯便急不可待地迈出了家门。太阳已经跃过了地平线，将金黄的光芒轻轻地洒了下来，如同一位温柔的母亲在喊自己偷懒的小宝宝起床一样。

不过，英俊的约翰 · 狄更斯此时却没有任何心情去欣赏这样的美景，他穿着笔挺、喜庆的礼服，头发整整齐齐地梳向背后，看得出来是费了一番心思的。

然而，迈出家门的约翰 · 狄更斯很快又返回了家中，他手中拿着一根做工考究的拐杖，在房间里走来走去，每次到达房间门口的时候，他都要迈出去，却又总是在很短的时间内返回来。

看着儿子坐立不安的样子，约翰 · 狄更斯的母亲不禁笑着安慰他说："孩子，不用担心，你和伊丽莎白经过了那么多事情才终于走到一起，你对伊丽莎白还没有信心吗？坐下来歇歇吧，一会儿可有的是让你站立的机会。"

约翰 · 狄更斯转过身，对着母亲笑了笑算是回答，但是他坐下来没过多久，就又重新站了起来，继续在屋子里徘徊。看着激动的儿子，约翰 · 狄更斯的母亲也不禁笑着摇了摇头，她知道自己的儿子依旧在担心。

今天是约翰 · 狄更斯与伊丽莎白结婚的日子，而他们的感情从一开始就遭到了伊丽莎白父亲的强烈反对。伊丽莎白的父亲认为约翰 · 狄更斯来自卑微的奴仆家庭，根本就配不上自己这样的中产阶级家庭，只不过后来由于两个年轻人都非常坚持，他才不得不做出让步，同意了两人的婚事。但他仍然对约翰·狄更斯的家境耿耿于怀。

约翰·狄更斯的父亲威廉·狄更斯是有钱人家的听差，约翰·狄更斯的母亲则是贵族家庭的女仆，约翰·狄更斯是他们的第二个儿子。在约翰·狄更斯还未满周岁时，他的父亲就去世了。从那以后，一家人的生活重担就全部压在了母亲一个人的身上。那个时候，约翰·狄更斯的母亲在克茹大厦当女管家，她的雇主是曾经担任切斯特尔市议员的约翰·克茹。

约翰·狄更斯的母亲在克茹家已经工作了很长时间，在她的努力下，克茹大厦的一切都井井有条，而且约翰·狄更斯的母亲性格开朗，能够与周围的人融洽相处，因此，约翰·克茹对她非常满意。

当约翰·克茹知道了约翰·狄更斯一家的状况之后，决定要好好帮帮这个苦难的家庭，因此约翰·克茹格外关心约翰·狄更斯和他的哥哥。也正是在约翰·克茹的帮助下，约翰·狄更斯才得以顺利地进入海军军需处，成了一名小职员。

约翰·狄更斯在第一天上任的时候认识了托马斯·卡利福得·巴罗，因为两个年轻人都是这里的新职员，所以他们都表现得非常热情，一番交谈之后，就迅速成了好朋友。

渐渐地，约翰·狄更斯了解到巴罗的父亲在兰贝思市担任城镇货币局长，巴罗还有一个活泼漂亮的妹妹，不过巴罗说这些的时候，约翰·狄更斯并没有太在意。

后来，当约翰·狄更斯接受巴罗的邀请前去做客时，他见到了巴罗的妹妹——青春靓丽的伊丽莎白。约翰·狄更斯马上惊为天人，迅速对伊丽莎白展开了追求。而随着时间的延续，待嫁闺中的少女也对这位热情开朗、风趣幽默的年轻男子有了好感，两人之间的感情迅速升温，很快就到了谈婚论嫁的程度。

约翰·狄更斯虽然只是仆人的儿子，但是由于从小就得到了约翰·克茹的帮助和宠爱，所以他也非常熟悉贵族间的交往礼仪，因此，伊丽莎白并没有感觉到父亲所说的那些不同。

而伊丽莎白的父亲在多次劝说无果之后，也只好同意了他们的婚姻。

正因为婚姻之路走得崎岖，所以约翰·狄更斯才会如此在意时间，他多么希望时间能够再过得快一些，能够将伊丽莎白早一些迎入家中。

终于，在经过一系列繁杂冗余的礼节之后，约翰·狄更斯成功地吻到了自己的新娘。他那颗激动紧张的心，终于缓缓的平静了下来。

不过，虽然伊丽莎白的父亲同意了两个年轻人的婚事，但他很少和亲家来往，他总认为那样会让自己非常没有面子。

只是可惜两个家庭之间的差异并没有持续太长时间。1810年，伊丽莎白的父亲侵吞公款之事败露，他只好退隐到马思岛，在那里过起了平静的生活。

伊丽莎白父亲遭遇的不幸并没有影响到约翰和伊丽莎白的生活，他们婚后的生活尽管也经历了各种困难，但是仍然非常幸福。

约翰·狄更斯曾经受到克茹家的影响，他非常向往克茹家的那种绅士生活。所以，约翰·狄更斯平时衣着考究，爱慕虚荣，喜欢交际，常常广邀好友在家里举办酒会。他希望能够通过自己的努力过上绅士般安逸、舒适的生活。

只是小职员的他收入并不丰厚，加之他们夫妻毫无预算的开支以及家里众多的子女，常常使得整个家庭陷入寅吃卯粮、债台高筑的窘迫境况。

虽然家庭中常常会出现经济危机，伊丽莎白并不后悔嫁给约翰·狄更斯。在约翰去世之后，他们的朋友塞缪尔·海登将一尊精心雕刻的约翰半身塑像送给伊丽莎白。

伊丽莎白为此特意写了一封答谢信，她在信中称自己的丈夫是一个忘我无私的人。他所服务过的人，到最后都成了他的朋友。在家里，约翰·狄更斯既是一位称职的丈夫，也是一位和蔼的父亲。伊丽莎白觉得，和这样一位情真意笃的丈夫一起走过漫漫人生路，实在是世界上最幸福的事情。

查尔斯·狄更斯就出生在这样的家庭环境中。

2. 查塔姆的幸福时光

就是在这种家庭背景中，我们伟大的小说家查尔斯·狄更斯于1812年2月7日在朴次茅斯市郊呱呱坠地。由于父亲工作的原因，狄更斯家常常一接到上级的通知就马上“换防”，他们搬了很多次家。就在小狄更斯快五个月大的时候，还没来得及认清周围的环境，便不得不随一家人从朴次茅斯迁往波特西的霍克街。

在那里，小家伙茁壮成长，不知不觉都已经两岁了，人们惊奇地发现小家伙居然有着超乎常人的观察力和记忆力，这两项也正是作家所必须具备的重要资质。狄更斯成年以后仍然能够回忆起自己跟在姐姐身后蹒跚学步以及保姆站在厨房的窗户后面看他们的情形。他还能回忆起有人带他去看海军士兵操练，他甚至记得他们离开朴次茅斯的时候，被白雪覆盖的大地一片苍茫。

小狄更斯和家人在那里一直住到1814年，之后便搬到伦敦居住。

三年后，又迁居查塔姆，就在这里，小狄更斯度过了在他的童年生活里最幸福的时光。查塔姆镇位于曼特惠河畔，那里风景优美，是英国重要的海军基地之一。狄更斯一家人先在兵工街2号住了四年，而后搬到小溪区圣玛丽广场18号住了两年，此后他们再次迁往伦敦。也就是说，小狄更斯在查塔姆度过了他五岁到十岁的童年时光。

曼特惠河上风帆片片，小狄更斯曾经搭乘海军的船只在上面遨游，一睹美丽的河面风光。

除了在外“观光”，小狄更斯回到家里，也懂得享受生活和艺术。父母闲暇的时候，小家伙总会乐此不疲地在父母的带领下一起表演、唱歌、朗诵或者放一些颇有意思的幻灯片，于是很快就表现出对表演的浓厚兴趣。有时候父亲会带他和姐姐范妮去当地的法冠酒店，姐弟俩总是高兴地为酒酣耳热的顾客演唱几支曲子，逗得大家哈哈大笑。他还总是缠着姐姐，希望姐姐能带他去罗彻斯特的皇家剧院看莎士比亚的戏剧《麦克白》和《理查二世》。年幼的小狄更斯不仅看别人表演，他还常常召集小伙伴们，煞有介事地一起排演戏剧。

狄更斯童年时期的这一爱好，深深地影响了他以后的生活，同时也影响着姐姐范妮，使范妮后来对艺术产生兴趣，并成为一名出色的音乐家。

那时候，父亲经常牵着狄更斯的小手漫步在乡间的小路上。有一次，父亲和小狄更斯经过盖茨山。小狄更斯望着远处盖茨山顶的一座漂亮住宅，眼中流露出欣羡的神色，他高兴地对父亲说自己非常喜欢那幢房子。父亲回答他说：“如果你不懈努力，也许有一天你会住进去。”这句话令狄更斯铭记一生。

三十多年以后，狄更斯真的让父亲的话变成了现实。他买下了盖茨山庄，成为这里的主人，并在此安度晚年。为了满足自己的精神享受，他还专门让人在朝查塔姆的方向开了一个窗户，以便自己坐在家中就能将这座古老海滨小城的风貌尽收眼底。

不过这都是后话了。1823年狄更斯家搬离查塔姆的时候，小狄更斯非常难过。他对查塔姆的一山一水、一草一木都非常熟悉并且极为热爱。在查塔姆生活的几年是最值得他留恋和回忆的日子。

3. 启蒙老师——母亲

狄更斯的启蒙教师就是他的母亲伊丽莎白，母亲在对狄更斯的教育中起了非常重要的作用。她“每日按时教他，教了很长一个时期，卓有成效”。《大卫·科波菲尔》里“母亲身旁认真学习字母表的情形”，简直就是狄更斯本人儿时生活的写照。不过，狄更斯的母亲可要比科波菲尔太太更博学，她甚至能让儿子达到拉丁文“入门”的程度。狄更斯自称，他母亲是第一个启蒙他的求知欲望，唤醒他读书激情的人。

然而，狄更斯的母亲经常怀孕。每隔一段时间，母亲就要将自己的注意力从狄更斯身上转向刚出生的宝宝身上。所以，狄更斯的学业只能断断续续地进行。在1810年至1822年的十二年间，狄更斯的母亲共生了7个孩子，其中有两个孩子不幸夭折，在1827年她还生了第九胎。

随着家庭成员的不断增多，伊丽莎白雇佣保姆玛丽·韦勒来料理家务。多年以后，这位保姆在描述她的女主人时称她是“一位慈爱的母亲，一名杰出的女性”。对此，小狄更斯在当时可能会存有异议。他认为母亲对自己的爱总是时有时无忽冷忽热，这在一定程度上影响了他对母亲的感情。后来人们在狄更斯的小说中看到那些悲天悯人、惹人发笑的女性时，总会不自觉地将人物的原型联想为作者的母亲。

狄更斯十一岁之前，父亲是他生活中的主要伙伴。这就是他对父亲的感情相对较深，而对母亲总是抱有一种不理解态度的原因所在。

事实上，小狄更斯秉承了母亲身上很多的特质。医生戴维的太太是约翰·狄更斯的一位朋友，她在给朋友的信中曾描述伊丽莎白是一位身材小巧、有着褐色双眼的美丽夫人。她待人友好，性格随和，所以人们愿意与她交往。

伊丽莎白有着惊人的模仿能力，称得上是优秀的大滑稽家。她每走进一个房间，都会认真地观察室内家具的摆设布置。一旦发现有某些位置不当或可笑之处，她总会在事后以一种极为风趣的态度描绘一番。她还会用同样的态度观察周围的朋友和熟人。她幽默诙谐的模仿总能逗得大家捧腹大笑。伊丽莎白尤其善于表现凄苦悲凉的场面，在讲述悲惨的故事时，常常使在场的听众潸然泪下。

很多人都认为，狄更斯的很多才华都来自于他的母亲。从母亲那里，他获得了表达滑稽幽默和喜怒哀乐的能力，以及杰出的戏剧天赋。

年幼的狄更斯体弱多病，经常受到痉挛的折磨，所以在其他的孩子恣意玩耍时，狄更斯只能在一旁静静地观看。这大概是形成他性格中以自我为中心的一部分原因。但是他非常喜欢看小伙伴们在一起玩耍的情形，同时，他也开始留意观察周围各色人等的习惯和癖性。

姐姐非常关心她体弱的弟弟。作为小狄更斯的“常伴”，她经常带着狄更斯一起去罗彻斯特的城堡、教堂游玩，查塔姆的船坞、科巴姆的公园以及肯特郡的田野和丘陵都曾留下过他们的足迹。慢慢地，小狄更斯的胆子越来越大，他开始独自一人光顾这些地方。后来，他将自己的所见所闻写进了《博兹随笔》。

4. 嗜书如命

小狄更斯九岁的时候，父母将姐弟二人都送到走读学校接受教育。狄更斯进入一所由牧师的儿子兴办的学校，开始了学生生涯。办学人威廉·贾尔斯是一位二十来岁的年轻人，他毕业于牛津大学，知识渊博，在当地称得上是一位学者。

小狄更斯的聪明给贾尔斯留下了极为深刻的印象。贾尔斯发现，尽管小狄更斯身体羸弱，但他勤勉好学，富于想象力，深得老师喜爱。贾尔斯便竭力启发他的智慧，培养他的才能。他曾专门为小狄更斯讲解哥尔斯密的文字是如何的干净利落。1822年狄更斯离开查塔姆时，贾尔斯将一本哥尔斯密编写的杂志《蜜蜂》赠给他作为纪念。

后来，狄更斯因为写作《匹克威克外传》而名震文坛，贾尔斯老师又赠送给他一只银质的鼻烟壶，上面刻着“独具一格的博兹（狄更斯的笔名）”。

虽然狄更斯从母亲那里学习了一些启蒙知识，后来又进入学校接受教育，但是真正开启狄更斯文学想象力的，却是家中阁楼上一堆无人问津的书籍。其中有斯摩莱特的《兰登传》、菲尔丁的《汤姆·琼斯》、哥尔斯密的《威克菲牧师传》、笛福的《鲁滨逊漂流记》、塞万提斯的《堂吉诃德》、勒萨日的《吉尔·布拉斯》以及

《天方夜谭》等。

幼小的狄更斯开始接触到优秀的文学作品，这些蒙尘已久的小说成了他的新“伙伴”，渐渐地他进入了嗜读如命的境界。保姆玛丽·韦勒后来讲到狄更斯时，说狄更斯是“一个活泼的孩子，性格开朗，脾气温顺，不像大多数孩子那样经常同人吵闹”，又说他“看起书来不要命”。

狄更斯读书时精力格外集中，整个人完全沉浸在书的故事情节中。他喜欢独自坐在安静的角落，一个人默默地看书，嘴里不时发出啧啧的吮吸声，仿佛是在享用美味佳肴一般。

这些书成为狄更斯当时生活的主要慰藉，他很容易把自己当作这些小说中的重要人物，天马行空地想象着自己身处他们的境地将会有何种反应。在他的小脑袋瓜中，早已将平日所见的每一座谷仓、教堂里的每一寸土地和自己所看的小说情节联系在了一起。

从狄更斯的自叙中，读者很容易就会发现，大卫·科波菲尔在他亚茅斯附近的卧室里透过窗户所看到的教堂及其旁边的墓地，就是小狄更斯从他自己在圣玛丽广场附近的卧室里所看到的景象。

5. 伊甸园的朦胧幻想

然而，在查塔姆的美好生活被父亲收到的回伦敦萨默塞特大楼任职的调令而打破。虽然父亲可能会因为离开这里能够避开一些查塔姆的债主而暗自高兴，可是小狄更斯非常难受。他在这里生活了几年，慢慢对查塔姆产生了喜爱和依恋之情。这里不仅有他童年美好的回忆和向往，更充满了他对伊甸园的朦胧幻想。

我们不难发现，他的长篇小说《匹克威克外传》的开头和《埃德温·德鲁德疑案》的结尾都是以童年生活过的查塔姆为背景。不过，最令狄更斯难以忘怀的还有他形影不离的玩伴——露西·斯特洛格希尔。她是狄更斯邻居的女儿，年纪与狄更斯相仿，是一个长着“桃色脸蛋，系着蓝色腰带的小美人”。后来，狄更斯在《非商业性旅行札记》中回忆了他五岁前参加露西生日宴会的场景。

那时候，小狄更斯对生日的意义并没有什么概念，只是觉得这是上帝赐给一个美丽女孩的特殊礼物。狄更斯参加露西的生日庆典，席间并没有别的宾客，于是他们就快活地坐在桌子下面，尽情地享用主人特地为他们准备的各种糖果、饮料。

狄更斯后来在查塔姆和罗彻斯特旧地重游时，看到童年时玩耍的场地，描写了当时游戏的情景。这是一段将现实隐藏在文学描写中的浪漫曲，狄更斯虽然用了格林小姐这个名字，心里想的却是露西，故事的归宿透露出他对朦胧婚姻的渴望：“晒干草的季节，我从印度塞林加帕坦城壁（一垛尖顶干草堆）中获释，营救我的是我的同胞，获胜的是英国人（露西的哥哥和她两个表兄），后来我又被对我信誓旦旦的格林小姐认了出来，她不远万里从英国赶来将我赎出，并同我结婚。”

在狄更斯的心目中，露西是他童年伊甸园中的夏娃，是他一直期盼的一种朦胧爱情的化身。这种爱对于成年人来说可望而不可即，所以它让狄更斯铭记一世，久久不能忘怀。这一点，我们尤其可以从他青年时期的作品《博兹随笔》中看到。当他描写到一对年轻夫妻结婚时，用了大量笔墨精心描绘这对小情侣的结婚游戏，字里行间流露出他的隐藏于心的情愫，并毫不隐讳地向人们展示了他的这种最甜蜜的心灵体验：“宾客中有一位看起来还不到八岁的小家伙，是新娘的弟弟。另外还有一位年龄相仿甚至可能更小一点的女孩，男孩称女孩为‘妻子’。真正的新郎新娘也没有他们那样诚挚专一的情感，他献出所有的爱和专心，她献出她的羞涩与多情，轻轻捧着他早上送给她的花束，将散落的玫瑰花叶放在胸前。他们在梦幻中只能看见对方。当别人对他们其中一个开玩笑时，这两个孩子的两颗幼小的心灵便心碎神伤。在以后的生活中又何时能有他们这样执着、慷慨纯真的激情呢！即便在现实生活中，又有什么能与环绕在这对天作之合的小情侣头上这种优美与魅力相媲美呢!”

我们完全可以从狄更斯对露西的细腻情愫中，推断和解释他的一些创作中的某些构思方式。事实上，露西的哥哥乔治也是狄更斯童年时在伊甸园很好的玩伴，而且他们的友谊一直保持下来。然而，在《大卫·科波菲尔》中，狄更斯却把他的形象给了史朵夫，那个勾引纯真的爱弥丽的坏蛋。这可能是因为乔治与露西的兄妹关系比较特殊，所以在狄更斯的潜意识中一直认为乔治是他的“情敌”。

狄更斯沉醉在这种童年纯真的爱中，因为它不索求任何回报，是完全发自内心的最纯洁的爱，他给予这种爱最高的评价。所以他在作品中让大卫·科波菲尔宣称，作为孩子他爱爱弥丽，“这种爱比起后来进入生活中的最美好的爱要更纯洁、更无私”。

童年的露西也完全影响了狄更斯对女性认知态度的发展，甚至对他在作品中塑造完美女性的形象起着举足轻重的作用。她的纯真令女性的美到了极致，拥有某种无法用言语表达的能够穿透作者心扉的力量。她的完美形象一直留存在狄更斯的脑海里，伴随着他的生活和创作。我们不难看出，《双城记》中的露西·莫内特即是露西·斯特洛格希尔的化身。

狄更斯在查塔姆贾尔斯先生的学校住读到春天学期结束，他便无奈地离开了“美丽的仙女”露西，结束了他美好的童年生活，跟着父母去了伦敦，踏上了人生悲喜的另一段坎坷历程。

第二章　都市童工

1. 马西夏监狱

1823年初，狄更斯一家迁往伦敦。对于敏感的狄更斯来说，从到处都是海军军官的查塔姆搬到伦敦奇普赛德区，实在是社会地位上的一落千丈，狄更斯一度感到心寒。

尽管不远处就有幽静的乡间小道、乔克农场的几个茶园以及绿树成荫的汉普斯特德山，但更多的却是与乡间美景格格不入的景象：邻居大多是社会底层人物，他们住的房子破旧不堪。

狄更斯一家也在入不敷出的窘境中艰难度日，他们没钱请保姆，只雇了一个从查塔姆济贫院来的小女孩当女仆。狄更斯也不得不分担一些力所能及的家务，他不仅要为全家擦皮鞋，还要照料幼小的弟弟妹妹。

这里没有年纪相仿的玩伴，也不再有当初在学校学习时获得知识和取得进步的喜悦心情，十一岁的狄更斯倍感孤独。这时，姐姐范妮也离开他，到皇家音乐学院上学去了。很多年后，有一位朋友记叙他的话时说："想到他自己无人关心的处境，看着姐姐在一家人眼泪汪汪的祝愿声中离家去求学，他的心就像被狠狠地捅了一下。"

在伦敦，狄更斯踏遍了这座城市的大街小巷，汲取塑造各种小说中人物的素材。开始的时候，他还只是在住处附近探索。慢慢地，他频繁往来于舅舅托马斯·巴罗所居住的索霍区，将这里作为自己探索的第二个地区。狄更斯最喜欢去的地方是河滨路与伦敦大菜市，他经常在那里静静地伫立好几个小时，时而凝神注视阴沉沉的庭院，时而探头窥视生活在狭窄小巷中的居民。

这些景象深深吸引了这个体弱多病、过分敏感的孩子。狄更斯在不知不觉中已经将这些见闻感受牢牢记在脑中。后来，这些地方和生活在那里的居民便成为他笔下故事的背景和人物。

狄更斯的见识越来越多，与此同时，他父亲的信誉却下跌得越来越低。他喜欢交际、慷慨无私，却又不善理财，使得家庭的经济条件每况愈下。最后，狄更斯不得不辍学。

但是狄更斯一直对父亲有着深厚的感情，他心里明白父亲为人心地善良、慷慨大方。狄更斯清楚地记得每当家人或朋友承受病痛或苦难的时候，父亲总是竭尽自己的力量给予关怀和帮助。有一次，小狄更斯生病了，父亲没日没夜地守护在病床边，无微不至地照顾他。不管是自己分内的事情，还是别人托付的事情，父亲总是认真地去完成。这一点让狄更斯非常钦佩。

当狄更斯的父亲把全家弄得一贫如洗时，母亲伊丽莎白仍在努力应付。她在住宅以北的高尔街租了一幢房子，打算开办一所学校。母亲打发狄更斯四处散发建校通告，却没有一个人给予这所学校半点注意。伊丽莎白的办学计划最终夭折。

这时候，肉店和面包店的老板们坚持要狄更斯家付清旧账，否则他们将不再让狄更斯家赊账。一家人连布衣蔬食的生计也维持不下去了。最后，父亲因为负债被捕，进入了债务人拘留所。

狄更斯奔走于监狱中的父亲和心烦意乱的家人之间，眼泪扑簌簌地往下掉，却不敢哭出声来，其间的悲惨恐怕只有他自己才能体会。父亲在被解送马夏西监狱前对儿子说的最后一句话是："我这一辈子算是完了"。狄更斯听后心如刀割。

不久，狄更斯去马夏西探监。"父亲在门房等着我。我们上楼走进他的牢房……痛哭了一场。我记得，他要我以马夏西为戒，记住如果一个人一年挣二十镑，而只花掉十九镑十九先令六便士，他就会很幸福；如果多花掉一先令，他就会落到悲惨的地步”。狄更斯对父亲的这句话印象深刻，后来他让米考波先生经常念叨这句话。

父亲留狄更斯在牢里吃饭，叫他去向楼上的另一名囚犯波特船长借刀叉。他仅仅在波特船长的牢房门口站了一两分钟，就已经把里面的一切全都牢牢记在心中了，他甚至能看出室内一个邋遢女人和两名病态女孩同波特船长的确切关系。后来，狄更斯通过大卫·科波菲尔的口说：“我看到的全是我不懂的东西，但是我把一切都看在眼里。”尽管身在苦难之中的狄更斯心灰意冷，情绪低落，但他敏锐的眼睛仍在好奇地观察着身边的世界。

2. 黑鞋油作坊的童工

自从父亲入狱后，狄更斯只能眼睁睁地看着债主们拿走家里的东西。虽然待在监狱中的父亲暂时躲过了债主们的纠缠，可是狄更斯和家人还得继续过日子。为了维持一家人的生活，骨瘦如柴的狄更斯不得不将自己心爱的书籍、图画、椅案、瓷器和火炉等用具送到当铺以换取微薄的生活费用。渐渐地，家里的东西越来越少，最后一家人只能挤在两间没有地毯的房间里。

就在一家人快要撑不下去的时候，詹姆斯·拉默特先生的到来让狄更斯的一家看到了希望和转机。他是狄更斯母亲伊丽莎白的姻亲，过去曾和他们住在一起，如今他已经成为一家黑鞋油作坊的经理。拉默特先生看到狄更斯一家的境况，便建议狄更斯做童工，到他的作坊里干活，这样每周能够领到六先令的工资。听到这个建议，狄更斯的母亲异常高兴，多日来紧皱的眉头终于舒展开来。这让狄更斯觉得如果他以优异的成绩从中学升入大学，母亲也不会比这更高兴了。

拉默特先生的黑鞋油作坊在亨格福德码头边上。狄更斯没有想到的是，里面的环境非常糟糕，到处破烂不堪，整间屋子都弥漫着烂木头的臭味。老鼠满地跑，似乎在欢迎狄更斯的到来。在这里工作的都是些没受过教育的穷人家的孩子，狄更斯不得不与他们一起做一些极为枯燥的工作，没有任何乐趣，也让他看不到希望。

19世纪初期的英国，等级观念仍然是社会价值评判的一项重要内容。作为衣食无忧的仆人后裔，狄更斯毕竟和贫困阶层的思想意识不同。他虽然生在社会的底层，但他所处的环境、接受的教育和社会风气都促使他追求正规的教育。狄更斯完全没有想到美好的生活会转瞬即逝，他会因为贫贱而失学，甚至要过上外出谋生的生活。

和其他所有的童工一样，狄更斯也常常自悲自叹，感到蒙辱含垢。哪怕到了成年出名以后，他对这段辛酸的经历也讳莫如深，从来不向外人提及，包括他的妻子。直到写《大卫·科波菲尔》的时候，他才慢慢打开这扇让他不堪回首的心门。他写道："我的工作是给一瓶瓶糊状的黑鞋油封口，先盖一层油纸，再盖一层蓝纸，用绳把这两层纸在瓶口扎牢，然后齐绳把纸剪平，这瓶鞋油就像药房里卖出来的一瓶油膏一样好看了。一打鞋油瓶都这样完美地包装好以后，我就在每个瓶子上贴一张印好的标签，接着再去包装别的瓶子。楼下还有两三个孩子也干这样的活，不过他们的工资比我低。我在那里的头一个星期一的上午，楼下一个身穿破围裙，头戴纸帽的男孩上楼来教我扎绳打结的窍门。他叫鲍勃·非勤。很久以后，我在《奥列佛·退斯特》一书中自作主张地用了他的名字。”

鲍勃·非勤是狄更斯在黑鞋油作坊里唯一的朋友，他总是保护和关心狄更斯，不让他受到其他孩子的欺负，所以狄更斯一直把他当作“一位年轻的绅士”。

一次，狄更斯的痉挛症又开始剧烈发作。他疼得无法忍受，鲍勃看到他难受的样子，急忙找了些稻草铺了一张铺，想让狄更斯躺在上面。可是狄更斯疼得在地上四处打滚，鲍勃便另想办法，将空鞋油瓶灌满热水轮番贴在狄更斯的肋下。过了好一会儿，狄更斯才渐渐好转。等到天黑的时候，狄更斯已经完全恢复了。他想独自回家，鲍勃却担心他会再次犯病，坚持要送他。

狄更斯自尊心极强，不愿意让鲍勃知道他父亲在马西夏监狱，于是他想尽办法要摆脱鲍勃，好心的鲍勃并不理会。狄更斯没有办法，只好在靠近索思沃克桥萨里那一边的一幢房子的台阶上和他握手道别，好让鲍勃相信自己就住在这里。为了防备离开的鲍勃回头，狄更斯还去敲了门，当门被打开的时候，狄更斯问对方这里是不是罗勃特·非勤先生的住宅。

狄更斯母亲的办学计划夭折后，迫于无奈，她于1825年3月离开了高尔街，带着孩子们一起住进了马夏西监狱（当时英国的法律允许负债人的家属与负债人在牢房同住）。

狄更斯和姐姐范妮并没与家人一起住进马夏西，范妮住在学校，狄更斯起初住在卡姆登镇“一位形销骨立的老妇人”家里。但由于老妇人经常不给狄更斯食物，导致狄更斯通常肚子空空的，饥饿和疼痛常常折磨着他，使他情绪特别消沉和低落。他向父亲哀求并征得父亲的同意之后，在监狱附近的兰特街上找到了一间阁楼住了下来。

幸运的是，房东一家对狄更斯非常好。有一次，狄更斯老毛病发作，他们像对待自己家人一样悉心照顾狄更斯，这让狄更斯终生难忘。《老古玩店》中的加兰一家的原型便是这一家人。

每个星期天，狄更斯都会去学校找姐姐，然后两人一块去马夏西监狱，和家人一起过星期天。

3. 另类的教育

虽然狄更斯因为贫困而离开了学堂，但是他仍然有接受教育的机会。他比校园里的孩子更自由，他有充足的时间去观察和感触帝国首都被人们忽略的角落里的风光和人情世故。这些景物和事件后来都成为狄更斯创作的素材。这也是他好学的天性给他带来的丰厚的回报。

狄更斯非常喜欢他的教父克瑞斯朵夫·哈芬。哈芬是位制造船具的手艺人，他的造船技术很高，并对皇家海军做出了一定的贡献。过去英法交战时，他曾装备过一艘很好的掠私船，连当时的摄政王也对他另眼相看。狄更斯只要有时间就会去找他，观看他摆弄船具，听他讲有关大海的神秘故事。

狄更斯长篇小说《大卫·科波菲尔》中的坡勾提先生和《董贝父子》中的卡特鲁便是以这位出色的船具师傅为原型。不过令人遗憾的是，作家一生中从未写过一部有关海军或海事题材的小说。

舅舅托马斯·巴罗家也是狄更斯经常去的地方，吸引他的不是舅舅本人或是舅舅家舒适的生活状态，而是舅舅家楼下的一个书店。书店由一位寡妇经营，女店主慷慨友善，所以狄更斯常常在书店里阅读书籍，了解和学习各种知识，博采众长。

狄更斯的老祖母在克茹府告老后，住在牛津街靠养老金过日子。她虽然身材矮小，但头脑灵活，举止敏捷，她尤其擅长编故事，这让狄更斯极为羡慕和敬佩。老妇人和蔼可亲，自从她闲居在家以后，常常有一大群孩子围着她听故事。狄更斯每次都听得最入神。狄更斯后来不断创作出各种情节复杂的作品，并被称为故事大家，不能不说与他的老祖母的这种才能有关系。事实上，在狄更斯的小说《荒凉山庄》里，戴德洛克府的女管家朗斯威尔太太就是老祖母真实的再现。

在狄更斯早期的文学启蒙生涯中，他主要从菲尔丁、斯摩莱特和塞万提斯等人的小说中汲取知识，总结精华。但从某种意义上说，伦敦的贫民窟里才是狄更斯所受到的真正教育。虽然在童工伙伴面前，他一直竭力掩饰家境的贫寒，但他从前辈的书中明白其实穷人的生活里有着许多精彩的故事和素材。

要想创新，首先要懂得模仿。狄更斯开始试着在文学大师的影子里蹒跚学步，他打算写一个悲剧，供人们在家里阅读消遣。为了积累人物素材，他游荡在伦敦的大街小巷，希望能够获得灵感。狄更斯尤其喜欢哈芬教父住的莱姆豪斯区教堂，因为那里有各种与航海有关的活动，而且一路上还可以看到伦敦东区的生活。

在伦敦贫民区，有一个七条街交会于此的街口，人们称它为七街口。这是一个给狄更斯留下深刻印象的地方。他一想到七街口，脑海中便呈现出邪恶、贫困和乞讨的杂乱景象。这些景象让年幼的狄更斯感到害怕，但同时也激起了他强烈的好奇心。

狄更斯对七街口的兴趣与日俱增。不知不觉地，他已经记下了在这个地方的所见所闻。当时的狄更斯大概还不知道这些见闻感受就是他的财富，等到他将这里发生的一切诉诸笔端的时候，他对此深怀谢意。

当一家人都还在监狱时，狄更斯每天早上要去伦敦桥旁接在他家帮佣的那个从查塔姆来的孤女。在等待监狱开门的那段时间里，他就会尝试着给她讲些关于监狱附近的一些建筑物、伦敦塔和泰晤士河码头的离奇故事，有时他讲得太入神，不自觉地便已沉浸其中，连自己也开始相信这些编造的故事来。

狄更斯沉浸在编故事的乐趣中，在皇家音乐学院学习的姐姐范妮也大有进展。她在学校里获得了奖励，急切地想让狄更斯一起分享她的喜悦，于是范妮兴高采烈地带着狄更斯去观看她领奖的场面。

可是狄更斯在分享姐姐喜悦的同时，又感到一种绝望的痛苦。他想到以自己目前的处境，根本不可能像姐姐一样去争取荣誉、获得成功。狄更斯觉得自己从来没有像现在这样痛苦过，他感到一种前所未有的绝望，眼泪不知不觉地便流了下来。晚上睡觉的时候，狄更斯虔诚地做了祈祷，他希望上帝能够将他从这种屈辱和不被重视的处境中解救出来。

4. 离开黑鞋油作坊

狄更斯从来都没有减弱过对人间众生相的兴趣，没有什么东西能浇灭他的好奇心。就连去马夏西监狱，他也要缠着母亲给他讲监狱中各个负债人的故事。在之后的时光中，他常常以特有的记忆力形象化地回忆起一件往事。

当时英王寿诞即将来临，父亲约翰灵机一动，拟了一份请愿书，希望能够给犯人一笔钱，用以饮酒祝贺君王健康长寿。为此，狄更斯特意请了一天假去观看这件大事。他看见犯人们在院子里排好队，逐个走进屋里，然后在这份请愿书上签名。

波特船长不厌其烦地问每一个人："你愿意听我把请愿书念一遍吗？"一旦对方表示愿意，波特船长就用高亢的声音满怀感情地念起请愿书来。他在念类似于"陛下"、"仁慈的陛下"、"仁慈的陛下的不幸臣民"、"世所周知的陛下的慷慨宽大"这类的字眼时，发出了某种悦耳的琅琅声。这让狄更斯觉得这类字眼就像是波特船长口中鲜美可口的食物。他扭头看了看父亲，父亲一边听着波特船长的朗诵，一边凝视着墙上的尖铁桩，脸上带着些许作者的自负。

对于约翰来说，1824年算得上是否极泰来的一年。狄更斯的祖母于当年4月去世，他的父亲便继承了约二百五十镑的遗产；与此同时，他的兄弟又替他还清了所有的债务。就这样，狄更斯一家在约翰逊街租到一处房子，彻底告别了马夏西监狱。

年底，约翰又获得了海军军需处所发的一百四十五镑的年金，后来又在一位妻舅的帮助下，顺利地成为一家报社在议会中的采访记者。他完全能胜任这项工作，因为他的确有干这一行的才能，尤其是他能够大肆渲染议员们的滔滔雄辩。

与此同时，狄更斯做工的黑鞋油作坊已经搬迁到距离钱多斯街和贝德福德衔交叉口很近的一个地方。因为室内光线太暗，狄更斯和其他童工们只得挤在一起，挨着破陋的窗口干活。他们就像在橱窗中被展示的活动广告一样暴露在行人的视线中。

一天，约翰路过儿子做工的地方，恰巧看见儿子在过路行人的目光下干活儿。父亲顿时觉得自己的孩子简直是在当众出丑，于是倍感不悦。回到家后，他便立即给拉默特经理写了一封信。他的信言辞激烈，丝毫没有委婉的语气。结果，第二天拉默特就把狄更斯解雇了。

母亲不明白父亲这样做到底会给家里带来什么好处，于是竭力从中调解。因为对一个拼死拼活料理家务的家庭主妇来说，她首先想到的是每周六先令的损失，同时她还想要和娘家的亲戚保持友好关系。但她却忽略了孩子的感受和需求。十二岁的狄更斯无法理解母亲的处境和想法，在他看来，回到黑鞋油作坊简直就是回到无边的苦海和绝望之中。小狄更斯需要的最宝贵的母爱，这恰恰是母亲忽视的地方。

很多年以后，狄更斯对那段做童工的伤心欲绝的日子私下里解释说："我暗暗地痛苦着，剧烈地痛苦着，除我之外永无人知。""对我母亲起劲要送我回去一事，我一直耿耿于怀，我将永远不会忘记，永远不能忘记它！"这件事在狄更斯幼小的心灵中系上了一个难以解开的情结。这可能就是这位天才作家在早期的作品中以母亲为原型塑造人物形象时总是夸大了她们在生活中某些特质的原因吧。

5. 学校里的优等生

狄更斯在离开黑鞋油作坊之后，父亲送他到汉普斯特德路韦林顿寄宿学校学习。他在这所学校呆了两年多。在学校里，他的新伙伴和黑鞋油作坊的老伙伴在社会地位上有着天壤之别，而且他再也不用日复一日地粘贴标签了，单从这些方面来看，这两年多的时间对狄更斯来说也的确是非常快乐的岁月了。

韦林顿寄宿学校的校长被学生们称为"头儿"，他除了会笞杖之外，其他都一窍不通。老师们则都学识广博。狄更斯写道，校长对法文教员总是礼貌有加，“因为假如‘头儿’冒犯了他，他就马上用法语对‘头儿’讲话，老是使‘头儿’在孩子们面前因无法听懂或无法回答而窘困失措”。不过，尽管这个“头儿”不太受大家的欢迎，他却幸运地成了《大卫·科波菲尔》中的克里克尔。

狄更斯在学校学习英文、舞蹈、数学、拉丁文等功课。他进步很快，多次得到奖励，成了优等生。狄更斯还利用课余时间发展自己的兴趣爱好。他自己编写了几个剧本，并将它们排成戏剧演出。其中一个剧本是用无韵诗体写作的，讲的是一个娇惯学生的父亲所干的各种恶劣勾当，这个剧本纯属虚构，却给狄更斯惹出了一些麻烦。

狄更斯还和他的同学一起办了一种周报，写在练习本的残页上。愿意付出弹子或石笔的人都可以借阅。石笔是学校里的主要货币，把它们积累起来就构成了财富。训练小白鼠是孩子们最喜欢的消遣，狄更斯也乐在其中。由于对语言的兴趣和敏感，他还经常独创一些连成年人也完全不懂的语言，并因此得了个“古怪语言专家”的绰号。

境遇的改变，常常带给人一种迥然不同的心情。狄更斯现在到七街口闲逛时，觉得周围的一切都别有兴味。这里已经不再是一个令人生畏的地方，而是一个充满乐趣的场所，在狄更斯眼里，社会底层小市民的生活别有一番风味。他写道：

炎热的夏季黄昏，信步走在七街口一带，看到台阶上聊天的各种女人，任何人都会认为她们之间关系融洽，并会想到再也想不出哪儿的人有这一带的居民那么纯朴了。唉！铺子里那男人对家人凶神恶煞；那个拍打地毯的工人对老婆操练他的专业技艺；前门楼梯间的那一家和楼上前楼楼梯间的那家是死对头，于是下面那一家上床后，上边的那家就在地板上跳起了舞——在他们头顶上的地板上跳；楼上后楼梯间的房客要管教前厨房那家的孩子；那爱尔兰人每天半夜都酩酊大醉地回到家里并对家里人大打出手；后楼梯间的人尖声乱叫一气。敌意愤怒充斥了每一间楼每一间小屋。甲太太打了乙太太的孩子一记耳光，因为后者做了鬼脸；乙太太朝甲太太的孩子照头浇下冷水，因为这孩子居然骂人。双方的丈夫也卷入了纠纷，这场恶骂越来越凶，直到拳脚相向。结果叫来了警察才得以平息。

对青少年来说，学校教育和社会教育是帮助其成长的两个重要方面，但是狄更斯的家境却不允许他接受完整的学校教育。在韦林顿寄宿学校度过了两年多的学习生活后，狄更斯便离开学校，结束了他喜欢的校园生活。此后，狄更斯开始踏入社会谋生，这时候，他已经是一个相貌堂堂、神采飞扬的小伙子了。

第三章　记者生涯

1. 受益最丰的岁月

1827年春，十五岁的狄更斯离开学校，踏入了社会。他早已体会过谋生的艰辛，回忆幼年时代有一种恍如隔世的感觉。他曾这样评价自己的幼年时代："它们真是妙不可言，儿时的想象又给它们涂上一层比彩虹更加绚丽的色彩，简直就像瞬息即逝的幻影。"对于即将开始的新生活，狄更斯不仅没有产生对社会的隔离感，相反他怀着对生活的热爱，对未来的憧憬，一步步地朝自己的理想迈进。

狄更斯的父亲带着他到一家律师事务所求职。当雇主问到应聘雇员的学历时，善于解嘲的父亲望着雇主，哈哈一笑说："他是自己教自己的。"狄更斯便在这间事务所里做了几个星期的小伙计。

1827年5月，狄更斯在母亲家的亲戚介绍下，转入埃利斯和布莱克默联营的律师事务所供职。狄更斯就在那里工作了一年半左右，尽管仍旧是个小伙计，但对于一个未来著名的小说家来说，这份工作不无裨益，它给狄更斯提供了大量的写作素材。所有的办公室职员都会将从门外偷听来的律师的秘密谈话当作茶余饭后的谈资。后来，狄更斯在《匹克威克外传》一书中描写了很多来这里洽谈业务的怪人。

这期间，狄更斯和家人生活在一起，不过他的工作作风和生活态度并未受到父亲的过多影响。相反，狄更斯与父亲形成了鲜明的对比，根本不像父子俩：父亲依旧对任何事物都疏懒而漫不经心；儿子却是对各项工作都一丝不苟，极为认真。尽管狄更斯认为父亲的很多做法都不足效仿，但他却非常佩服父亲的速记本领，这是从事记者这一行业的敲门砖。狄更斯暗下决心一定要掌握速记，希望以此谋得议院采访记者的差事，从而进入新闻界。

为此，狄更斯特意买了本《格尼速记》潜心钻研。他将业余的时间利用起来认真练习，甚至在睡觉的时候都会梦到圈圈点点的符号或弯弯曲曲的线条，它们有的像苍蝇脚，有的像蜘蛛网，有的像浪花。功夫不负有心人，经过刻苦的努力，狄更斯的速记能力大有提高。一年半后，他将律师事务所的工作辞去，在博士公堂谋得一份记录员的职位。

博士公堂一般会进行一些民事诉讼的审讯，它是一种古老的法院形式，靠私人捐款来维持。“热恋的情人在这里获得他们的结婚许可，变心的夫妇则在这里得到离婚的许可。这里检验、注册人们所立下的关于自己财产的遗嘱，还负责处罚在心慌意乱中对女士们出口不逊的绅士先生”。

这也是英国那个时代许多不合理的政治制度下苟延残喘的司法机构之一。让人无法理解的是，这里竟然还审理宗教案件和航海案件，这让狄更斯非常疑惑：为什么这些仅仅熟知教会戒律的神职人员会被奉为航海事务的行家呢?

在这里，他第一次看到当时法律的不合理，看到法官和律师们的装腔作势，看到证人在作证时暴露出的人性的虚荣和多变，看到许多所谓的知名人士徒有虚名而不务实际。形形色色的司法界人士在让狄更斯感到荒谬可笑的同时，也为他提供了一个取之不尽的小说题材库。这里的审讯过程也相当混乱，它们都被狄更斯写进了《大卫·科波菲尔》中。

狄更斯后来评价他在博士公堂度过的三年时光时称，这是“我生平受益最丰的年月”。这段时间里，狄更斯还经常出现在大英博物馆中。过完十八岁生日的第二天，他就办理了大英博物馆的借阅证。从此以后，只要博士公堂不开庭审案，他就泡在图书馆中博览群书，拓宽自己的知识面，增加自己的文学修养。就这样，这座藏书丰富的博物馆顺理成章地成了狄更斯的业余自修大学。

然而，狄更斯的另一业余爱好差点让这个世界丧失了一位杰出的小说家。当时，他对登台演出的演员也充满浓厚的兴趣，为此他还专门拜一位专业演员为师，跟他学习走台步和朗诵的技巧。他经常模仿和练习演戏用到的各种表情，比如高兴、沮丧、希望、失望、轻蔑、迷恋、爱慕、憎恨等，也常常连续好几个小时对镜练习舞台上的各种行为举止。之后他还向伦敦最主要的剧院之一——科文特莱市剧院申请谋职，剧院答应他面试后再行录用。

此时摆在狄更斯面前的有两条不同的人生之路：一条是圆他的演员梦，从此进入戏剧界；另一条是圆他的作家梦，走向新闻界。命运之神似乎不愿意让才华横溢的狄更斯涉足戏剧界，就在他面试的当天，狄更斯竟因突然发烧无法赴考。而当下一个演出季节开始的时候，狄更斯已然成了一位小有名气的议会采访记者。自此之后，他便无暇理会投身舞台的梦想了。

2. 情窦初开

1829年，狄更斯家的日子过得还算不错。父亲不仅有退休金，在报社的工作还能给他带来额外的收入，再加上狄更斯当时也供职报社有了一定的进项，一家人生活开始富足起来。于是，姐姐范妮便开始把自己的同学邀请到家里来开舞会。狄更斯父子二人都喜欢热闹且擅长表演，他们的参与常常使舞会妙趣横生。范妮又有许多善于引吭高歌的同学，如此一来，狄更斯家里又出现了多年不见的热闹场面。

通过聚会，狄更斯结交了一位好朋友，他就是范妮的同学亨利·科尔。当时，科尔刚刚和银行经理比德奈尔的二女儿订了婚。1831年下半年的一天，狄更斯应科尔的邀请出席了比德奈尔的家庭宴会。

比德奈尔家的三个女孩都是学音乐的，其中最小的女孩玛丽亚·比德奈尔学弹竖琴。她比狄更斯大十三个月，这位身材小巧、面貌和善的姑娘被人们称为“袖珍维纳斯女神”。当她身穿着紫红色衣裙坐在竖琴边演奏时，狄更斯的童子之心为之一动。他深深地被玛丽亚所吸引，旋即产生了爱意，可惜这只是他一厢情愿的单相思罢了。

狄更斯从彼德奈尔的家庭宴会回来之后，玛丽亚的样子便深深地印入了他的脑海中，几乎“遍及每个缝隙，每个空间”。狄更斯在凌晨两三点钟写完下议院的采访稿后，总会情不自禁地绕一个弯走到比德奈尔家，深情地凝望玛丽亚的闺房。那时候，他脑子里涌现出许多有关思念恋人的白日梦。

狄更斯为玛丽亚神魂颠倒，他总是一个人想象着玛丽亚的母亲和他一起商量婚事的情景。他给玛丽亚的母亲写过很多向她女儿求婚的信。狄更斯冲动的时候会这样写信：“尊敬的太太，一位太太如果具备了您那样的洞察力，并是像您一样充满了女性对热情的年轻人的同情之心——这种同情心是如此强烈，谁再对它怀疑就是亵渎——她一定会发现：我已经深深地爱上了您迷人的女儿，并已决定把我的一切都奉献给她。”

而当他头脑冷静的时候，信的内容便换了一种方式：“请宽恕我，亲爱的太太，请宽恕一个不幸的人，他在下面对您所做的坦白将完全出乎您的意料而令您惊骇万分。不过我请求您一旦了解了他那胆大妄为的非分之想后，就把此信付之一炬。”

有时候玛丽亚和别人一起参加舞会，却不邀请狄更斯，狄更斯便黯然神伤，这时候他写的信也充满哀怨凄楚的格调。其中有一封信是这样写的：“尊敬的太太，写这封信的人此刻已远去他乡。唉，爱而无望，真是难以忍受的折磨。我甘愿去非洲接受沙漠的炙烤，抑或去格陵兰接受冰雪的侵袭，也胜于终日在此饱受煎熬。”

实际上，狄更斯根本没有把这些信寄出去，因为谨言慎行的他知道银行家和他的太太根本不会对狄更斯的热情和爱意感兴趣。他们认为女儿们都应该嫁一个稳妥的丈夫，就像刚完婚的长女玛格丽特就嫁了一个生意兴隆的商人。而年轻的狄更斯却从未从事过任何实业。

有一天，狄更斯恰好在街上碰到玛丽亚和她的母亲在服装店选购衣服，痴情的狄更斯自然想和玛丽亚多待一会儿。可是比德奈尔太太显然不愿意狄更斯和玛丽亚待在一起，她用一种下逐客令似的口吻对他说：“现在，狄更斯先生，让我祝你今早过得愉快吧。”

当狄更斯被玛丽亚迷得神魂颠倒时，玛丽亚有什么反应呢？有时她为了刺激其他献殷勤的人，就向他卖弄风情，表示亲昵，过后又对他冷若冰霜。有时为了刺激狄更斯，她又故意对别人表现出绵绵情意，然后看着他揪心难忍的样子，觉得十分有趣。

玛丽亚身边有着成群的追随者，她一直把卖弄风情当成一件逗乐的事。这导致狄更斯在很长一段时间里都以为自己的心上人也喜欢着自己。事实上，尽管他有着英俊的外表，悦耳的歌喉，对玛丽亚倾心爱慕，并且为了她努力工作，希望能够改变自己的社会地位，但玛丽亚从来没有想过要嫁给他。玛丽亚看重金钱，她根本看不起这个在她眼里毫无前途的小记者。

尽管如此，狄更斯却把和玛丽亚有关的一切琐碎小事都铭记在心。玛丽亚曾请他为她挑选一副蓝色的手套，35年后，狄更斯依然能够清楚地描述它的样式和花色。就算是无意中听到玛丽亚的名字，或是看到有人弹起竖琴，狄更斯都会心潮澎湃，立即回忆起许多和玛丽亚相关的往事。

很多年后，狄更斯回忆起这段对玛丽亚的爱恋，不禁感慨万千。他始终坚信，他是世界上对玛丽亚最为忠诚和痴情的朋友。他认为自己所有的一切，无论是他的激情、抱负、想象、奇遇，还是他的意志，都和玛丽亚紧紧联系在一起。为了玛丽亚，就算是让他立刻死去他也心甘情愿。

狄更斯认为无论是他早期的成功，还是他性格上的巨大变化都与玛丽亚有关。他深深地爱着玛丽亚，但这种一往情深却没有任何结果，这让狄更斯学会了克制。狄更斯变成了一个不动感情的人，即便是在自己的孩子们面前，他也很少流露感情（除了在他们小的时候）。

3. 失恋的滋味

玛丽亚态度上的喜怒无常，使狄更斯一直生活在时喜时忧中。玛丽亚笑脸相迎的时候，狄更斯便兴高采烈；一旦玛丽亚愁眉紧锁，他便极为苦恼。狄更斯逐渐丧失了信心，他给玛丽亚的姐姐支妮写信询问自己是否有成功的希望，支妮却回信说：“说真的，对玛丽亚我也摸不透，我不敢说她究竟对谁中意。”

一直到狄更斯21岁生日时，他才结束了这种欢乐和沮丧相杂的日子。生日那天，年轻的“寿星”找人代替自己去下议院采访，自己则在家里把“生日宴会办得非常成功……就在这一夜，当餐桌上已经杯盘狼藉的时候，我和她躲在门后说话，我对她倾诉了衷肠……她像仙女一样脉脉含情，但是回答我的那个字……用我当时的感受来说，不啻是当头一棒。她接着就走了”。

“第二天中午，当令人羞愧的阳光照进屋子时，我倚靠在床上，抱着沉重的脑袋，默默回想我以往历次生日的情景，最后我拿起苦味的头痛药粉，重又面对我的痛苦”。

失恋的痛苦对狄更斯来说也是一服清醒剂，经历了这样的心灵的创伤，他开始慢慢从痴情和遐想中抽身出来，回归现实。他找出玛丽亚的信件，将它们捆好寄还给她。

回想自己和玛丽亚的交往过程，狄更斯觉得玛丽亚表现出来的冷漠无情一次次地刺伤了他，使他感到无比烦恼和悲伤。自他们相识以来，狄更斯一直生活在深深的绝望之中。如今，他就要结束这样痛苦的生活了。他在追求玛丽亚的过程中，始终保持着理智的行为。即使玛丽亚的家人一会儿对他恩宠有加，一会儿对他冷若冰霜，狄更斯都一如既往地对待玛丽亚一家。狄更斯诚挚地希望玛丽亚能找到自己的幸福，那样他也会为她感到高兴。

玛丽亚对狄更斯没动真情，自然无法体会狄更斯的痛苦，假作真时真亦假，她觉得这场游戏尚未结束，她仍旧可以从狄更斯的痛苦中寻得一丝笑料。她还和女友玛丽·安妮·利讲述她与狄更斯交往的经过。之后不久，利小姐在本廷克街观看狄更斯排戏的时候，故意在狄更斯面前卖弄风情，回去后又向玛丽亚吹嘘狄更斯如何对她大献殷勤。

狄更斯听说此事后，便写信给玛丽亚揭露利小姐的谎言，让她不要相信。但玛丽亚为了从中取乐，故意装出相信利小姐的样子，于是狄更斯又写了一封信。狄更斯在信中称自己无法容忍任何人怀疑他已经改变初衷而爱上他人。

狄更斯虽然忍受着巨大的痛苦，但从未对玛丽亚有过丝毫的怨言。玛丽亚再怎么伤害他、忽略他，他都没有说过一句责难之辞。

但是对利小姐，狄更斯气愤地给她写了一封充满鄙薄、斥责的信，之后便拿起酒瓶，从酒中寻求慰藉。喝醉的狄更斯最后一次致函玛丽亚，他写道："我要尽我所能——坚毅顽强、不折不挠地为自己披荆斩棘，开拓道路。我过去已经这样做了，今后还得继续这样做。"他再次要她相信"除了你，我谁都不爱，而且永远也不会去爱"。

玛丽亚似乎也厌倦了自己的游戏，她给狄更斯回了一封态度冰冷的信，不久便到法国巴黎的玛蒂内夫人女子学校上学去了，从此两个人各奔前程。

但是玛丽亚的形象永久地存留在了狄更斯的内心深处，在之后的创作中，他在自己最喜爱的作品《大卫·科波菲尔》中通过"一出明媚的戏"透露出自己对玛丽亚的爱：朵罗·斯潘娄"在法国巴黎完成学业"刚刚返回英国，此时大卫则陷入对朵罗的爱情中。而《远大前程》中则完全是"一出阴暗的戏"，狄更斯在作品中塑造了一个艳若桃李、心如铁石的女性形象，这是英国文学史上最生动的女性形象之一。

4. 记者席上的明星

威斯敏斯特宫矗立在泰晤士河畔，它是英王爱德华一世在14世纪中叶修建的。1547年，威斯敏斯特宫成为议会所在地。此后，诸多英国政坛上的风云人物在这里进进出出。

狄更斯的父亲和一个舅舅当时都是记者，负责采访下议院。他们为狄更斯牵线搭桥，帮助他获得了《真正的太阳报》记者的职位。他担任记录员时受到的速记训练，对他即将开始的采访工作起了很大的帮助。1832年5月7日，二十岁的狄更斯第一次以记者的身份走进了威斯敏斯特宫内北边的下议院。

当时议会正在讨论“改革提案”，这让英国的百姓相信他们的国家马上就要变成人间乐土了。议案最终通过成为正式法律时，举国上下欢欣鼓舞。但是国会议员们慷慨激昂的发言并没有左右狄更斯的判断，在认真研究了他们审议的结果之后，狄更斯发现，大多数的政治家都是些夸夸其谈、追逐私利的伪君子，任何一个党派的得胜仅仅有利于一个阶级罢了。

于是，这个二十出头的年轻人把下议院政治家们严肃的辩论描绘成了一出热闹的滑稽剧：

“我们可以尽情地对这个季节里小丑们的娴熟表演击节赞赏和引以为自豪。每夜都是如此，他们跳呵，耍呵，一直到深夜，甚至凌晨三四点。他们展现给观众最古怪的动作，挤眉弄眼，互打耳光，乐此不疲，真是难以想象。整个场子里的喧腾、吵闹、叫喊和呐喊足以使花六便士便能看到的最混乱的拳击赛也相形见绌。”

“我国政治戏班子史无前例的庞大，其中以小丑阵容最为强盛。我们叹为观止，从没有过如此令人咂舌的杂技家，从没有过这样为了博取观众欢心而施尽浑身解数的魔术师。说实话，他们这种过分地讨好卖力很能使人产生反感；当他们为全国民众做这种免费表演，不惜降尊纡贵充当主角时，很难说他们为自己的职业博得了民众的尊敬。”

狄更斯的舅舅约翰·亨利·白柔当时已经是一位闻名业界的记者和文人，住在一所带漂亮花园的别墅中，就像《大卫·科波菲尔》里所描写的斯潘娄先生的公馆一样。白柔舅舅注意到狄更斯的报道总是迅速准确，认为他是一个不可多得的优秀记者。于是，他便把狄更斯招到自己办的《议会镜报》当记者。狄更斯在舅舅手下干得如鱼得水，接连报道了一些重要议案，工作非常出色。

1832年秋天，狄更斯作为《议会镜报》的记者参加了议会关于通过镇压爱尔兰暴动法讨论的报道。主管爱尔兰事务的内阁部长斯坦雷曾在这次议会讨论中作了一次长篇发言。对此，《议会镜报》派出数名记者进行了分段记录。当报纸发行之后，斯坦雷发现这篇报道十分准确地报道了自己所表达的意思。斯坦雷对记录首尾两段的记者大加赞赏，他立即通知报馆要在家里接见这位出色的记者。他正是狄更斯。

当斯坦雷在客厅中看到站在自己面前的人竟然是一个毛头小伙时，他以为报馆搞错了，于是犹犹豫豫地对狄更斯说："对不起，年轻人，我要见的是那位报道了我一部分讲话的先生。"狄更斯满脸通红地答道："我就是那位先生。"

斯坦雷仍然不信，他决定考一考狄更斯。斯坦雷一边踱步，一边重读他的讲话，让狄更斯做出记录。看过狄更斯准确无误的记录之后，斯坦雷禁不住对他大加赞扬。事后他还专门致信约翰·白柔，对他派一位聪明能干的记者表示感谢。

狄更斯受到部长或议员赞扬的事，并非仅此一件。1834年议会讨论撤销谷物法议案时，一位议员抱怨《泰晤士报》对他的讲话报道失实，白柔又把他年轻的外甥派去。目睹狄更斯的工作，这位牢骚满腹的议员才恍然大悟：原来记者并非都像他所想象的那样低能。

狄更斯对约翰舅舅挖掘和培育自己才能的恩情铭记不忘，在《大卫·科波菲尔》里，他通过爱弥丽和舅舅坡勾提的故事展现了深切动人的情义，那正是他青年时代对这种感情的切身体验。

5. 忠实的记录员

就像坡勾提先生对爱弥丽的爱一样，约翰舅舅很爱狄更斯，狄更斯是他手下最得心应手的记者，他总是以外甥的出色工作而自豪，而且常常称狄更斯为“绝顶聪明的年轻人”。

出于对外甥前程的考虑，约翰舅舅决定把狄更斯推荐到《时事晨报》工作。《时事晨报》是一份继承民主主义传统的报纸，当时已有七十余年的历史。约翰舅舅的朋友培恩·考利尔先生是《时事晨报》的一名记者。舅舅便打算通过他向报社引荐狄更斯。但是，要成为《时事晨报》的记者并非易事，事实上，他们用人的标准非常苛刻。所以，考利尔并未应允，只是希望能够先与狄更斯本人见面。

于是舅舅特意在家中设宴盛情款待考利尔，并将狄更斯当场介绍给他认识。席间狄更斯即兴表演，为大家唱了两首滑稽歌曲，逗得大家捧腹大笑，晚宴的气氛立刻变得活跃起来。考利尔确信活泼健谈多才多艺的狄更斯是块做记者的材料。于是他又将狄更斯介绍给《时事晨报》的主编约翰·布莱克。

此时的布莱克正在着手组织一个精悍的编辑班子，目的是与当时负有盛名的《泰晤士报》相抗衡。因此，他物色人选的时候要求非常严格，就连后来成为英国著名小说家的萨克雷提出希望担任副主编的职务，都遭到了布莱克的回绝。

幸运的是，编辑部里报道议会会议的记者汤姆·毕尔德了解狄更斯的才能。他竭力向编辑部举荐，称狄更斯为“记者席上最快捷、最准确的记者”。这样，狄更斯顺利地成为一名《时事晨报》的政治记者，并立即参加了济贫法辩论的报道。

不久，人们便看见狄更斯穿着黑天鹅绒镶边的蓝外衣和其他招摇的服装出现在记者席上。他的同事们不得不承认，狄更斯是八九十名记者当中最有才能的一位。大家都亲切地称他为“忠实的记录员”。

然而，议会记者的工作非常辛苦，不具备吃苦精神的人很难胜任。议员们的发言不仅空洞乏味，而且连篇累牍，可以说是对记者耐心的一大考验。同时，记者席的后排光线昏暗，异常闷热，空气中常常散发出刺鼻的汗味和臭气，而且这里空间狭小，记者们挤在一起，必须长时间保持一种姿势，如果试图换种姿势又让人更加难受，这完全又在考验记者们的耐力。

当议会休会的时候，狄更斯就被派往外省采访和报道一些大家感兴趣的事件，比如部长们的演说、竞选的过程以及火灾事故等。狄更斯喜欢为采访那些耸人听闻的事件而出游。在白天，驿车每停一站，他总能看到形形色色滑稽可笑的人物；到了晚上，也总会发生一些令人激动的事情：乘坐邮递马车，以十五英里的时速在乡间飞驰，一会儿车的某个部件坏了，轮子也飞了，甚至整个车子都翻了……凡此种种，层出不穷。

狄更斯不停地在伦敦和各城市之间奔波采访。有一次，他和汤姆·毕尔德一起被派到南德文采访民权党首脑约翰·拉塞尔的演讲。当时大雨倾盆，他们就一直淋着雨记录演讲内容，毕尔德站在一旁用手绢帮狄更斯遮住雨水。

采访结束后，狄更斯特意给了回伦敦报馆的邮递员小费。邮差没有辜负他的期望，第一时间将他的报道送回报馆。于是，这篇报道赶在《泰晤士报》之前发表，它的内容不但准确无误，而且丰富全面，其影响力明显超过了其他报纸。

狄更斯一回到伦敦，主编布莱克便找到狄更斯，高兴地拍着他的肩膀，称赞他的报道非常成功。这位胜利归来的人却说，当时的雷雨声差点把他的耳朵震聋了，而且暴雨让他患上了关节炎。

狄更斯为了抢新闻，无论白天黑夜，或是风霜雨雪，他都受命即出。双膝就是他的写字台，马车也成了他的流动办公室。这样的生活又一次磨炼了他吃苦耐劳的精神，同时也给予了他观察生活、了解政治的机会，当然，也为他提供了非常宝贵的写作素材。

狄更斯在其后的写作生涯中，刻画了许多栩栩如生的政界人物，描写了大量现实社会重大政治生活的场面。如果不知道狄更斯这一段的职业生涯，就很难理解像狄更斯这样一个出身于中下层社会又未能接受完全教育的人，怎么能够如此熟谙英国社会的政治生活。

四年来刻苦勤奋的记者生涯，正一步步将狄更斯推上成功的阶梯。为了安身立命，狄更斯总能克服一切困难，认真做好自己的报道任务。他的内心一直追求卓越，并且希望自己在更广阔的天地中有一番作为。

第四章 踏上文学之路

1. 小荷才露尖尖角

1833年秋天的一个傍晚，狄更斯来到舰队街，小心翼翼地将他的作品投进了《文学科学与美文学月刊》的信箱，然后悄然离去。《文学科学与美文学月刊》是由一位名叫霍兰的上校创办的，他办杂志仅为作者提供发表作品的园地，并不支付稿酬。

弗洛伊德说："如果一个人有能力让从精神和智力工作这个源泉中获得的快乐增加，那么他的收益是极大的。命运摆布他的力量也就弱势多了。"年轻的狄更斯就是这样的人，他选择了在业余时间写作作为他生活和精神中的乐趣。尽管他的记者生活非常繁忙，但却仍然无法排遣他在玛丽亚面前碰壁的抑郁春梦。所以，有时候，他会尝试着以现实生活为素材写些随笔。

12月份的杂志刚一出版，狄更斯便走到在河滨大道的一家书店，他怀着期待和忐忑的心情买了一本，打开一看，他感到无比激动，因为自己的处女作竟然被整齐而漂亮地印在了上面。狄更斯一时间兴奋异常，眼泪几乎夺眶而出，捧着书的双手也瑟瑟发抖。为了掩饰自己的失态，他赶紧离开书店，悄悄地在威斯敏斯特会堂躲了半个小时，才慢慢平静下来。随后，他立即把这个重大喜讯告诉亨利·科尔："我高兴得简直要发疯了，手直颤抖，以致写出的字都分辨不清了。"

杂志创办人霍兰上校非常欣赏狄更斯的作品，认为他的文笔清新而富于感染力，他还特意请狄更斯以后"多多赐稿"。就这样，新硎初试便得到别人的赏识，狄更斯信心倍增。尽管他知道发表的作品再多，也不会有稿酬，但为了心中的那些希望和精神的喜悦，他仍坚持将自己的随笔一一寄去。这些作品后来以《明斯先生和他的表弟》为总标题蜚声文坛。

狄更斯最初发表随笔时都没有署名，一直到1834年8月才署名“博兹”。他解释说，博兹“原是我一个爱弟的小名，起先我给他起了个绰号叫摩西，颇有尊重威克菲牧师之意。但这个名字用鼻音念就显得好笑，听起来像是博塞兹，吃掉了一个发音，就成了博兹了”。

狄更斯的随笔写得十分出色，很快便吸引了人们的注意。当然也有些人对作者的关注完全出于商业目的：剧院经理们想把它们改编成滑稽剧上演，为了挣钱就没有必要知道作者是谁，以及作者是否同意，因为当时的作者版权法对剧院没有约束力；而杂志的主编们为了获得优秀的作品，就格外关心作者是谁了。

《时事晨报》的两位主持人约翰·布莱克和乔治·霍格斯用尽各种方法打听，才发现博兹原来就在自己身边。于是，他们对狄更斯格外热心，还专门为他开辟了报纸专栏。此后，狄更斯写了很多有关伦敦街头风物人情的随笔，相继发表在《时事晨报》等报刊上。

这些随笔的发表为狄更斯带来的好处之一，便是当时的一些社会名流开始主动与他结交。哈里森·安斯沃思就是其中一位。他比狄更斯年长七岁，曾因发表长篇小说《鲁克伍德》而引起轰动。

哈里森·安斯沃思邀请狄更斯参加他的星期日舞会。就在那个舞会上，才华初绽的狄更斯结识了出版家约翰·麦克隆。麦克隆一直非常欣赏狄更斯的作品，他在1836年出版了第一部两卷本的《博兹特写集》，并邀请著名插图画家为它插图，次年又出版了一部一卷本的《博兹随笔集》。

如果不把狄更斯在童年时所写的几部悲剧算进去的话，《博兹特写集》便称得上是狄更斯写作生涯中最初的尝试了。

狄更斯第一次发表随笔那年才二十一岁，但从他的随笔中，人们可以看出他具有缜密的思路和透彻的观察力，他的博学多才和诙谐幽默更是溢于言表。由于狄更斯早年生活贫寒，对社会底层人们的生活了如指掌，所以他的作品主要是围绕中下层人民的生活而展开的。

在《七街口》中，狄更斯将犯罪、酗酒、虐待女性等社会问题展现给读者，并将自己多次徘徊街头、亲眼看见的小街陋巷中的贫民生活真切地在文章中表现出来。在《囚车》和《访问纽盖特监狱》两篇中，一些少女痛苦的经历尤其让人触目惊心，她们还那样年幼，却过着让人痛心的生活。这样的生活让她们完全麻木，她们甚至不知道什么是真正的爱和欢乐。除了饥饿、求乞、警察署、酒店和当铺，她们一无所知。

中产阶级游手好闲的生活以及他们的唯利是图和伪善等也被狄更斯描写得惟妙惟肖。就连格兰威治集市上一位“绅士”的逼真表演也被博兹看得一清二楚：在赌场上，一位“绅士”模样的先生万分着急地拉住过往的路人，向他诉说自己因为忘带钱包而错过了机会，否则他肯定上去赌一把，准能发大财。过路人在他的怂恿下，果真去赌，结果输得精光。狄更斯把这种在集市上表演的“托儿”揭露得淋漓尽致。

狄更斯特有的讽刺与夸张在他的第一本书中就已体现出来。他描写一位代理牧师诵念祷文时，常常将自己的右手放在左颊上，为的是炫耀他手上戴着的价值不菲的钻戒。在一次演讲会上，演讲人多次引用拉丁文语录，台下的听众都表现出感动的样子，可事实上演讲人和听众都对拉丁文一窍不通。

1834年，父亲因为拖欠酒商的债而再次进入监狱，为了让父亲获得自由，狄更斯东拼西凑借了不少钱。没想到不幸接踵而至，不久后母亲又病倒了，导致家庭开支猛增，立刻处于入不敷出的状态。狄更斯发表随笔大多没有稿酬，所以尽管约稿很多，却并不能帮狄更斯解决经济上的问题。

就在这时，《时事晨报》社又新增一份报纸，取名为《时事晚报》，由乔治·霍格斯任主编。为了解决燃眉之急，狄更斯写信要求霍格斯加薪，作为他以后撰写随笔的酬报。他在信末表示，自己的要求是“合理和不过分的”。霍格斯答应了他的请求。从此，他的工资从原先的每周5基尼增加到了7基尼。

2. 步入婚姻殿堂

乔治·霍格斯和狄更斯是同一年进入《时事晨报》任职的。他原来住在爱丁堡，是当时的文坛名人瓦尔特·司各特的密友与伙伴。霍格斯本来是位律师，但在文学方面也有着非凡的热情和天赋，由于做律师的薪水太低，无法维持一家人的生活，于是便彻底放弃律师职业，转向报人生涯。后来他搬到伦敦，于1834年8月进入《时事晨报》担任音乐和戏剧编辑。

霍格斯是个性格单纯温和、待人真诚的“绅士”。他很欣赏狄更斯，常赞美狄更斯“多才多艺，天赋出众”，两人很快就成了好朋友。他担任《时事晚报》主编之后，常常发表狄更斯的随笔，两人的友谊进一步加深。此后，狄更斯便成了霍格斯家的常客。在那里，狄更斯结识了他生命中最重要的女性人物，她们就是霍格斯家的三姐妹：凯瑟琳、玛丽和乔治娜。

在一个月色如水的夏季夜晚，霍格斯一家饭后正闲坐在客厅里，惬意地享受着从外面吹来的习习凉风。就在这时，从花园通往客厅的落地长窗里突然跳进来一个人。这个人一身水手装扮，一边吹着口哨作为伴奏，一边跳了一段水手舞，没等大家反应过来，他又快速地跳窗而去。一家人面面相觑。

几分钟后，狄更斯来访，他严肃而有礼貌地和每个人握手，然后便一本正经地坐下来。此时，霍格斯一家仍对刚才跳窗进来而又不辞而别的水手大惑不解，狄更斯终于忍俊不禁，捧腹大笑起来，霍格斯一家这才如梦方醒。

自从狄更斯在文坛小有名气后，他的人生发生了很大的变化，性格也变得更加开朗。他英俊的外表、美妙的歌喉、滑稽的表演才能和迷人的风度深深地征服了霍格斯太太和她的千金。没过多久，狄更斯就和她们相处得很熟了。

当时霍格斯家的大女儿凯瑟琳17岁，二女儿玛丽14岁，小女儿乔治娜只有7岁。三位千金中，只有凯瑟琳到了标梅之年，似乎命中注定她和狄更斯会有一场以婚姻为结果的恋情。就这样，狄更斯终于从失恋的痛苦中彻底走出来，心中再次燃起爱的火花。

凯瑟琳是个娴静文雅、温柔贤淑的漂亮姑娘，虽然体态丰满，略显出疏懒和几分倦怠，但仍旧不失清新艳丽之色。在她的厚眼睑下，闪动着一双蓝色的眸子。他鼻尖微翘，两片朱唇合成樱桃小嘴。后来狄更斯的朋友英国皇家学院院士、肖像画家丹尼尔·麦克莱斯为她作画时还添上了娇羞的风韵。

凯瑟琳脸上总是睡意犹存的样子，她行动不那么敏捷，甚至看上去略显笨拙，但她总是绽放出温柔的微笑，讲话的声音像鸟啭莺啼般悦耳。而且，她言语诙谐，不乏幽默，还经常说些一语双关的俏皮话，这些都为狄更斯所倾倒。

凯瑟琳和玛丽亚完全是两种不同的人。从家庭背景看，凯瑟琳出身于文学艺术之家，而玛丽亚则出身于与钱打交道的银行家之家；从性情方面，凯瑟琳文静、温柔、善良，而玛丽亚活泼好动、喜怒无常。但从感情上来说，凯瑟琳不过是恋人从前一个女性身上燃起的那场痴情余波的受益者。

在追求凯瑟琳的过程中，狄更斯为了能离她近一点，便直接搬到塞尔伍德街居住。羞怯的凯瑟琳在看到狄更斯那柔情的目光时，常常左躲右藏，但毕竟她在狄更斯强烈的攻势下，最终放下了少女的矜持，与狄更斯双双坠入爱河。不久以后，狄更斯便郑重向心爱的姑娘求婚。1836年春，他与凯瑟琳便正式订婚。

狄更斯与凯瑟琳的结合也算一帆风顺，因为他们得到了父母的认可和祝福，而且本身两人也算得上郎才女貌、门当户对。但是订婚之后，彼此性格情趣的差异在感情渴求的摩擦中日益显现出来。狄更斯对凯瑟琳奔放热烈，常常热切地称她为“最亲爱的凯特”、“我最亲爱的女孩子”、“我亲爱的小山雀”等，随信还附上几千个、几万个甚至“难以数计”的吻。

为了能给凯瑟琳更好的生活，狄更斯更加努力地工作，在完成各种报道之后，他还抽时间努力写作他的那些随笔。有空的时候，狄更斯还经常写信给凯瑟琳，将采访中碰到的各种奇闻逸事讲给她听。然而让狄更斯伤心的是，凯瑟琳并没有对他的这些激情和美意做出相应的回应。这对于渴望得到爱的狄更斯来说实在太残酷，不由得让他觉得凯瑟琳实在冷漠。

这种难受一直持续到5月份，狄更斯终于忍不住给自己的小山雀写了一封指责意味很浓的信。狄更斯称有一天晚上他向凯瑟琳告辞时，凯瑟琳的反应非常冷淡。这种冷淡让狄更斯非常痛心，他对一个妙龄少女表现出来的阴沉和冷漠感到吃惊，同时也担心自己在凯瑟琳心中已经不如从前重要了。他还在信中告诉凯瑟琳应该如何对他的感情做出回应。

由于狄更斯已有过一次让他刻骨铭心的恋爱经历，而凯瑟琳不过是情窦初开，所以，在两个人恋爱的过程中，狄更斯和凯瑟琳似乎分别扮演着老师和学生的角色。收到狄更斯指责的话语，凯瑟琳马上给狄更斯写了回信。她称自己从来都没有中断过对狄更斯的爱，将来也是如此。

尽管狄更斯不乏语言天赋，但不免还要使用情场上的陈词滥调，他对凯瑟琳信誓旦旦地说，他对她的爱是任何东西都无法动摇的，他对她的感情“超越时间和空间而永存”。他还衷心地希望“我最珍贵的愿望将比我们所预期的更早得以实现”。凯瑟琳对这些柔情蜜语坚信不疑。

狄更斯在处理自己与凯瑟琳的感情方面游刃有余，但在维持家人生活方面就没有那么容易了，他的家中就经常出现经济拮据的情况。1836年是狄更斯的幸运年。2月份一家刚成立的查普曼和霍尔出版公司在看完刚问世的《博兹随笔》后，愿意每月支付狄更斯14英镑，让他为一个历险故事漫画配文。狄更斯对凯瑟琳说：“报酬委实诱人，使人难以回绝。”

4月2日狄更斯和凯瑟琳在切尔西的圣卢克教堂举行了隆重的婚礼。婚后，他们到肯特那的乔克村去度蜜月，可是才刚过了一个星期，狄更斯便开始焦躁起来，急着想回伦敦了。他着急回去赶稿子是一个原因，但最主要的原因还在于他觉得和妻子待在一起是件十分乏味的事。

实际上，狄更斯在这时已明白自己犯了一个年轻人常犯的错误，那就是把性爱误认为爱情。这时的狄更斯只渴求能够和妻子相敬如宾。他在婚前写给凯瑟琳最后一封信的称呼是“我最亲爱的心肝”，而婚后的第一封信就改为“我亲爱的凯特”了。一周后，这对新人便回到伦敦的弗吉瓦尔旅馆。狄更斯开始专心致志地履行他与查普曼和霍尔公司的口头契约。

3. 名震文坛

1836年2月10日，狄更斯与出版商霍尔初次见面，这次会晤使狄更斯不久便成为英国家喻户晓的人物。而当霍尔敲开狄更斯寓所的大门看到他本人时，不免暗自惊诧，博兹竟然如此年轻。

对于霍尔的拜访，狄更斯非常惊喜，而当他听到霍尔的拜访目的后，更是喜不自禁。众所周知，英国有城市滑稽故事的传统，19世纪出现了许多拥有众多读者群的滑稽出版物。狄更斯自己对这方面的作品很感兴趣，而且他非常熟悉这类故事的创作方法。霍尔此次拜访，就是希望狄更斯为著名漫画家罗伯特·摩西的连环漫画配文字说明，并尝试完成摩西的设想，即讲述一个体育俱乐部的滑稽故事。

听完了霍尔先生的建议后，狄更斯提出了自己的看法，他认为这类“体育俱乐部”式的故事太多了，完全没有沿袭的必要。他大胆地向霍尔先生提议，打破常规，以他自己的创作为主，以摩西的插图为辅，这样可以在更广阔的范围里描绘英国的风光和人物。他满脑子的新点子和脸上洋溢着的自信赢得了霍尔先生的赞同。但是霍尔先生不能独自决定，他表示要回去与摩西商议后再给予答复。

狄更斯当时正与凯瑟琳热恋，但他觉得尝试写这种题材的激情似乎超越了他对恋爱的激情。没过多久，霍尔便说服了本身并不赞同狄更斯意见的摩西。于是，狄更斯于2月18日开始着手写他的第一部长篇小说《匹克威克先生外传》。他首先将匹克威克先生的形象和性格构思了出来：匹克威克先生是位年高德重的独身绅士，也是受人敬重的学者和社会名流，性格有些古怪，但是天真而又善良。

创作初期，狄更斯并不清楚自己该如何开始整个故事，更别说如何结尾了。这时，他从十八世纪前西欧流浪汉小说中得到启发，决定以主人公的经历和奇遇为主线展开故事的情节。这样的结构尽管不是特别严谨，但却非常适合刊物连载这种形式。于是匹克威克俱乐部的4个主要成员匹克威克、特普曼、史诺格瑞斯和文克尔，便到全国各地进行体验和考察，并将他们对沿途的景色、人物、风俗和社会的观察以及他们的历险奇遇等等，都准确无误地整理成书面材料，然后汇报给位于伦敦的匹克威克俱乐部。

这四个人一同出发，狄更斯将他们的第一站安排在他童年时代最熟悉的地方——罗彻斯特一带。他重新拾起童年美好的回忆，顿时，灵感向像薄的泉水般向他涌来。他做记者时练就的舞文弄墨的本领让他下笔如有神助，一个个有趣的人物和故事跃然纸上。

《匹克威克外传》的第一部分于3月底出版。4月2日，狄更斯与凯瑟琳举行婚礼。狄更斯对匹克威克的故事抱有浓厚的兴趣，蜜月尚未度完，他就匆匆返回伦敦继续写作。

当狄更斯看到摩西为书中的《流浪艺人的故事》一章所设计的草图时，他觉得故事中的人物形象并没有很好地表现出来，所以邀请摩西到他自己的寓所进行商谈。这注定不会是异常令人愉快的会面。摩西比狄更斯年长12岁，他以自己的体育运动画而自豪，他的画也确实赢得了大家的喜爱。但是他为人非常敏感，容易激动，之前就因为意见不合，和好几个文字作者闹得不欢而散。他对于这次合作中主客颠倒的做法也极为恼火。

尽管狄更斯以诚恳的态度说服摩西修改其中一幅插图，但摩西仍然感到难以启齿的愤慨和羞辱，并最终开枪自杀。

于是，狄更斯又物色了一位新的插图画家哈布洛特·布朗。布朗的插图漫画味十足，与小说的幽默风格相得益彰。他们二人的合作称得上是珠联璧合。为了和博兹押韵配对，布朗甚至给自己起了个笔名叫菲兹。在此后相当长的时间里，布朗一直为狄更斯的作品做插图，对狄更斯小说的广泛流行做出了不小的贡献。

画家的人选问题处理好后，狄更斯又开始继续他的匹克威克故事的创作。尽管《匹克威克外传》的开头几部分丝毫不比后面的逊色，但是前4个月的销量却惨不堪言，第一章总共只印了400份。狄更斯冥思苦想，他突然发现了问题的症结所在，原来自己的堂·吉诃德先生缺少一个桑丘·潘沙那样的仆人。

于是在第五期的故事中，狄更斯给匹克威克先生雇了个仆人山姆·维勒。让人惊喜的是，维勒的出现，让更多读者产生了共鸣，使得许多人找到了观看这些幽默讽刺故事的新视角。于是，刊物的发行量翻了百倍，激增至四万份。当时英国全部人口不过一千五百万左右，两相比较，堪称“伦敦纸贵”了。

在秋天丰收的季节，匹克威克的名字传遍了英国，甚至比首相的名字叫得还响。毋庸置疑，它成了狄更斯的得意之作。第二年在刊物上的连载结束后，于1837年11月出版了全书的单行本。

《匹克威克外传》在英伦三岛引起了轰动，小说尚未出完，就出现了很多以匹克威克命名的商品，比如匹克威克帽、匹克威克雪茄、匹克威克皮鞋等等。英国的各个阶层都非常喜爱和欣赏匹克威克。有一位奄奄一息的病人祈祷自己能够多活10天，这样就能读到下一期的故事了。英国大法官坎贝尔勋爵则称，如果上天赋予他写作匹克威克的能力，他情愿抛弃大法官兼议员的身份。

狄更斯的《匹克威克外传》将积极乐观的信念、正能量和真正的喜剧精神传达给了各个阶层的读者，使文学作品第一次发挥了巨大的社会认识作用。

4. 痛失知己

《匹克威克外传》的巨大成功，使得年轻的狄更斯成了伦敦城中最为得意的名人。他开始忙了起来，辞去了《时事晨报》的工作。他忙于交际应酬，常常和一些著名画家、演员、文艺评论家和显赫的律师一起喝得酩酊大醉。其中著名演员威廉·麦克里迪成为狄更斯一家的终生挚友。约翰·福斯特也和狄更斯建立起深厚的友谊，他后来成为狄更斯的传记作者。

此时，凯瑟琳十六岁的大妹妹玛丽·霍格斯已经出落得标致俊俏。她与狄更斯认识有两年多的时间了。在狄更斯与凯瑟琳谈恋爱的时候，玛丽经常陪伴在他们的左右。当然在他们的婚礼时，玛丽又责无旁贷地担任了新娘女傧相的职责。狄更斯和凯瑟琳蜜月归来后不久，玛丽便经常帮助姐姐料理家务。1836年秋，玛丽直接搬到弗吉瓦尔旅馆和姐姐一家生活在一起。

玛丽是一位美丽聪慧的姑娘，在她眼中，姐夫狄更斯是世界上最具才华的人物，他的作品也是世界上最了不起的作品。这种对姐夫由衷的崇拜，使得她愿意陪在狄更斯身边并为他做些事情。

狄更斯当时可能没有意识到但却确实存在的一个事实是，他对玛丽的感情已经远远超过了他对妻子的感情。然而，他们之间的关系不容许狄更斯对玛丽有任何不贞的幻想，他便将玛丽理想化为一个圣女。狄更斯与玛丽这种完全和谐的亲密关系便成为狄更斯心目中的至善至美。

当凯瑟琳在家中操持家务时，狄更斯常带着玛丽外出参加招待会，拜访朋友，参观艺术展览和看戏。他在众人的叫好声中洋洋自得，在玛丽的倾慕面前心醉神迷，这是狄更斯一生中又一段快乐的时光。

1837年初，查理·本特利邀请狄更斯编辑《本特利杂志》，并为该杂志写一篇连载故事。狄更斯欣然接受，他以故事中主人公的名字将小说命名为《奥列佛·退斯特》。这篇小说最初发表在2月份的《本特利杂志》上，此时《匹克威克外传》的创作尚未结束。

1837年1月6日，狄更斯和凯瑟琳的第一个孩子出世。凯瑟琳产后身体不佳，狄更斯为此非常忧虑，加上操劳过度，于是患了严重的头痛症。此时他们打算换一所更宽敞的房子，狄更斯便抽出时间和玛丽一起四处看房。4月初，他们搬入新居，凯瑟琳的身体也一天比一天好起来。

一个多月后，在一个星期六的晚上，狄更斯带着凯瑟琳和玛丽一起去圣詹姆斯剧院看他写的戏《她是他的妻子吗》。在这个愉快的夜晚，玛丽“身体完全健康，像往常一样活泼可爱”，夜里一点钟她准备上床休息，但尚未解衣就寝便病倒了。狄更斯一家迅速请来了医生，但终究回春乏术。第二天下午，年仅十七岁的玛丽死于心脏病。

“谢天谢地，她死在我的怀抱里，”狄更斯写道：“并在临终之前依然低声念叨着我。”狄更斯取下玛丽手上的戒指，戴在自己的手上。从此这枚戒指一直跟随狄更斯，直到他逝世。

玛丽的离世给她的亲朋带来了无尽的痛苦。听到消息后，霍格斯太太昏厥过去，整整一天都不省人事。凯瑟琳被惊吓得流产了。狄更斯也无法集中精力去写作，因此不得不停止创作即将完成的《匹克威克外传》和刚刚开始的《奥列佛 · 退斯特》。结果5月份的刊物未能连载这两部小说。

《本特利杂志》特意发布启事告知读者，说作者正在哀悼一个“非常可爱的年轻亲属，他对她充满了无比深厚的爱慕之情，而且长期以来她的陪伴是对他终日操劳的主要安慰”。

在相当长的一段时间中，狄更斯的脑海中总是浮现出玛丽的模样，弄得他寝食难安。当他再去圣詹姆斯剧院的时候，他不愿坐在以前玛丽与他一同坐过的包厢里，他甚至不愿坐在剧场中任何能看见那个包厢的地方。

玛丽 · 霍格斯对狄更斯的艺术创作产生了深远的影响，对玛丽的感情极大地强化了他对姐妹情、对妇女“非性爱”的理解。因此，在狄更斯的小说中，当年轻的女子以姐妹的身份出现时，才更具生命力，更有激情。

10月份，《奥列佛 · 退斯特》在《本特利杂志》上刊登了一半，《匹克威克外传》也完稿了。考虑到《匹克威克外传》中的喜剧场景与《奥列佛 · 退斯特》的悲惨画面竟然同时出自同一位青年作家之手，使人不由得产生惊讶、赞叹之情。狄更斯真可算得上是一位能够“一手二牍”的天才作家。

第五章　才华横溢

1.《尼古拉斯·尼克尔贝》

1838年1月，狄更斯和他的格档画家布朗一起前往约克郡，随身带着一封写给巴纳德城堡一位名叫理查德·巴恩斯的代理人的介绍信。信中谎称狄更斯有一位寡妇朋友，这位寡妇想在这个地区为她的几个孩子选择一所学校。

热心的巴恩斯很快为狄更斯写了几封给校长们的介绍信。但他不明白作家的意图，所以当他把信交给狄更斯时，巴恩斯忧心忡忡地对狄更斯说："如果哪位夫人把她的孩子送到这些学校去，这是十分可悲的。"他建议那位寡母"最好将她的儿子们随意处置，让他们去牵马，去为别人跑腿，甚至把他们随意抛弃，以听凭世间命运的摆布，也不要把他们送到那些学校去"。

狄更斯暗访了几所学校之后，决定将鲍尔斯学校作为目标。该校校长威廉·萧可不像巴恩斯那样容易相信人，他看着这两位来自伦敦的不速之客，对他们心存戒备。因为在他的学校里，学生食不果腹，衣不蔽体，病了也不能得到医治，有许多学生都因为无人照管而导致视力丧失。萧校长本人也已经几次因虐待学生而对簿公堂，但他付了赔偿金后仍怙恶不悛，继续干着靠收养孩子赚钱的行当，并没有因其冷酷和残暴被当众揭发而失去一名学生。

萧校长非常谨慎地与狄更斯交谈着，当狄更斯提出想参观一下学校时，他立即拒绝了这个请求。狄更斯和布朗只得离开，可是他们无意中发现了学校旁的墓地。在过去的24年间，那里埋下了34名10至18岁的学生。狄更斯清楚地看到其中一个墓碑上刻的名字是乔治·泰勒，他的祭日是1822年4月13日，那也是狄更斯本人开始受苦的年代。看着这一个个墓碑，狄更斯心情非常沉重，他浮想联翩，斯迈克的形象慢慢呈现在他的脑海中。

狄更斯回去之后便开始着手创作《尼古拉斯·尼克尔贝》。尼古拉斯·尼克尔贝是这部小说的主人公。他在一所寄宿学校做老师。在这所学校中，学生吃不饱穿不暖，老师们也将鞭打学生作为最主要的教育手段。通过尼克尔贝的经历，狄更斯对那些打着为穷人办教育的旗号本质上却只顾牟利的学校进行了无情地揭露。

《尼古拉斯·尼克尔贝》又是一部描写流浪汉传奇式的小说，虽然它的结构方式与《匹克威克外传》近似，但是第一部的销量却要比《匹克威克外传》连载时的最高销量还要多。狄更斯不断有新的创想，他信心十足，决心将《匹克威克外传》的喜剧精神和《奥列佛·退斯特》的悲怆情调结合起来，而且要在规模上超越前两部长篇。事实上，从现存的手稿来看，字迹整齐，且鲜有涂改，我们可以想见，他在创作时一定充满了灵感和激情，写得十分顺手。

狄更斯在之后的创作中再没有像写这本书时感到一种持久的愉快心情。新作刚出版，人们就迫不及待地将里面的故事和情节搬上舞台。狄更斯宽宏大量，他不但去观看演出，而且特别称赞演员们的精湛演技。

《尼古拉斯·尼克尔贝》完全是年轻的博兹的抒情之作，这时他对人世间的苦难抱着天真的想法，似乎只要遇到好人，一切困难都会迎刃而解，而那些历经苦难的善良人终将福星高照，苦尽甘来。

当时，人们关注《尼古拉斯·尼克尔贝》中所涉及的一切。尽管狄更斯煞费苦心地隐藏故事发生的真实地点，人们还是根据书中的模糊介绍，很快认出了萧和他的学校。于是在舆论的压力下，萧被撤去校长职务，最终因此而早逝。学校也被查封，该校于1840年在《泰晤士报》上登了最后一次招生广告，之后便完全杳无音信了。

但是让狄更斯没有预料到的是，约克郡的那些名誉较好的学校也因此受到了牵连。人们对整个约克郡地区的教育产生了怀疑，谁都不愿意将自己的孩子送进魔鬼的房子里。于是很多善良的校长和教师们也相继失业。

人们不禁同情起那些无辜受牵连而陷于失业的教育人员。因此在之后的好多年，巴纳德城堡地区都将狄更斯的名字赋予了“魔鬼”的恶毒含义。一直到1864年，专门负责学校事务工作的人员公开宣布，查尔斯·狄更斯描写的那种学校在英国已不复存在。这件事才告一段落。由此可见，狄更斯的小说在一定程度上帮助人们铲除了社会弊端，可见其影响力之大。

2. 跻身上流社会

狄更斯的优秀作品为他打开了贵族府邸和名流沙龙的大门。上层社会非常喜欢《尼古拉斯·尼克贝尔》，狄更斯也因此受到了上层社会的强烈欢迎。霍兰府邸和戈尔府邸的所有人都阅读它，并且饶有兴味地预测故事的发展和结局。对于他们来说，阅读这部作品已经成了他们生活中不可或缺的一部分。

虽然狄更斯出身下层社会，深切地了解和同情下层人民，但这不意味着他就要痛恨那些上层社会的人们。他认为衣冠楚楚地去参加贵族沙龙也不算一件坏事。当时的戈尔府邸是布莱辛顿夫人的寓所，也是多尔赛伯爵的大本营。但由于多尔赛伯爵和布莱辛顿夫人关系暧昧，社交界的正人君子为了自己的名誉，大多不敢轻易造访。初出茅庐的狄更斯不明就里，在这个陌生而新鲜的圈子中怡然自得，很快便与布莱辛顿夫人和多尔赛伯爵成了朋友。

狄更斯后来搬去意大利居住时，还和布莱辛顿夫人有书信往来，他将许多自己冒险的长篇报道寄给她，其中有一篇是这样开头的："我的内心与外表相互不一，莫把我的外表当作内心。根据我的意愿给您写了50封信，其中任何一封并不是为求取荣誉，只愿我能在您的记忆中长留并得到您的惠敬。"

狄更斯从意大利回到英国后，就迫不及待地拜访了戈尔府邸，并在那度过了愉快的一天，他高兴地对布莱辛顿夫人说："为了能重享与您和多尔赛伯爵这种久别重逢的欢乐，值得到中国去一趟，去美国也值得。"

狄更斯后来还在戈尔府邸认识了诗人沃尔特·萨维奇·兰多，并和他交为好友。狄更斯对兰多赞赏有加，称他是"一个集四十只雄狮于一身的诗人"。不过博学多才的兰多经常刚愎自用、唯我独尊，尽管狄更斯有时候会和他大吵大闹，但他仍然认为兰多是"世上最杰出的、最有骑士风度的老伙计"。两人在相互调侃与尊敬中一直保持着友谊。

除了布莱辛顿夫人，还有一位著名女贵——霍兰夫人也希望能够结交狄更斯，一睹他的风采。就社会地位而言，霍兰府邸要比戈尔府邸更高一层。霍兰夫人由于看不惯布莱辛顿夫人和多尔赛伯爵之间的暧昧关系，所以拒绝与之交往。而霍兰夫人本人却正与自己的丈夫关系闹得很僵，这导致那些与异性关系一贯正常的贵夫人们既不接近布莱辛顿夫人，也冷淡霍兰夫人。

狄更斯对上流社会存在的这种微妙关系既感到好奇又觉得有

趣。他兴致勃勃地造访这两处府邸，并在那里广结良友。尤其是霍兰府邸，让狄更斯获益匪浅。在那里，他终于结识了仰慕已久的宗教哲学家西德尼 · 史密斯。不久，又与当时最富幽默感和最有个性的西德尼一见如故，若不是连狄更斯也无法准确而生动地描绘西德尼的独特个性，他早就成了狄更斯某部小说的主人翁了。

让狄更斯更加激动的是，集银行家和诗人于一身的塞缪尔 · 罗兰斯也出现在霍兰府邸，狄更斯可不会放过这个好机会，他立马上前，打量这个将世上最难融合的金融家的铜臭和诗人的浪漫集于一身的神圣人物，带着敬佩和诚意，与之攀谈了起来。

罗兰斯经常在圣詹姆斯别墅举办盛大的早宴，当时所有的艺术界名流都应邀参加，可谓人才济济盛况空前。不过狄更斯如果上午外出，下午和晚上就无法写作，所以他只是在相识之初和生命的暮年接受邀请，光顾过那令人羡慕的清晨沙龙。

3. 天生的演员

《尼古拉斯 · 尼克尔贝》迎来了空前的高销量，出版商查曼和霍尔喜不自禁，于是立马加付一千五百镑稿酬给狄更斯作为对这个大功臣的犒劳和奖励。狄更斯则打算趁着自己年轻的激情和干劲，创办一份周刊。周刊模仿斯蒂尔的《闲话者》或艾迪生的《旁观者》的风格，主要刊登小说、散文、人物游记等。大部分稿子由狄更斯亲自撰写，并由菲兹和乔治 · 卡特莫尔担任插图设计。

狄更斯将自己的想法告诉了查曼和霍尔。他们已经看到了狄更斯的潜质，对他的能力更是毫无怀疑，于是便愉快地同意了狄更斯的建议。查曼和霍尔每月付给狄更斯50镑，以及杂志一半的利润。这份被命名为《汉弗莱老爷之钟》的新杂志于1840年4月首次出版，而且立即销了7万份。

当初《匹克威克外传》第一部发表时狄更斯恰好外出。这本是个偶然的巧合，然而狄更斯却形成了一种天真的想法，认为要确保他事业的成功，就必须离开伦敦。所以，《汉弗莱老爷之钟》出版之际，他刻意躲开，待在了伯明翰。

没多久，福斯特便带着销量空前的消息赶到那里与他会合。狄更斯听后激动不已，他兴冲冲地前去参观斯特拉福德的莎士比亚故居和利奇菲尔德的塞缪尔·约翰逊故居，不知不觉已花光了身上所有的钱。为了能够回家，狄更斯不得不在伯明翰当掉了自己心爱的金表。

可是这样的好景并没有持续很长时间，因为人们期待看到的是既扣人心弦又令人忍俊不禁的故事，当狄更斯的作品无法满足他们时，《汉弗莱老爷之钟》的销量便开始下滑。狄更斯忧心忡忡，为了挽回这种局面，他特意构思出一部小说，重振刊物，这就是后来的《老古玩店》。

狄更斯为《老古玩店》倾注了更多的精力和想象力，其程度远远地超过了《奥列佛·退斯特》以来的任何作品。他甚至在不经意间将自己的性格与生活融入了小说的主要人物丹尼尔·奎尔普中，以至于狄更斯的朋友们看完《老古玩店》后一致认为，奎尔普身上散发着作家个人的放纵不羁的思想行为。

其实，在狄更斯构思这个人物之前，他已经在个人生活中扮演了这个角色。这让他的妻子凯瑟琳，甚至还有他的一些朋友都感到不安，正如小说中奎尔普的行为使他的妻子和朋友不安一样。

早在1840年2月，维多利亚女王与艾伯特亲王举行婚礼时，狄更斯便已进入了自己扮演的角色中。当时他们一家人住在德文郡巷1号的一所公寓中，几天以来，狄更斯卖力地表演，几乎让公寓中所有的人都相信他爱女王已经爱得神魂颠倒。人们因此而感到惶恐不安。“我完全掉进了无涯的苦海，无可奈何”，他写信给福斯特说：

我的心儿在温莎，
我的心飞出了家，
我的心儿在温莎，
紧紧跟随亲爱的她……

与此同时，沃尔特·萨维奇·兰多也收到了狄更斯的一张条子：我对女王一片痴情，我要绑架王室的女仆，然后到杳无人迹的荒岛。另一名和狄更斯通信的人被告知：“麦克莱斯和我疯狂地爱着女王，我们对女王抑制不住的痴情无法形容，难以想象。”

狄更斯在这个角色扮演中，完全没有理会妻子的感受。他痴恋女王的秽话和信件荒谬绝伦，使得很多人都认为他已经疯了。甚至有传言说狄更斯变成了一名罗马天主教徒，而且在一家疯人院中胡言乱语。等到狄更斯完全从女王的“痴情恋人”的角色走出来，听到各种关于他的传闻和谣言，顿时气得咬牙切齿。

连日来的谜底终于揭开，狄更斯的朋友们开始觉得惊奇和滑稽，而后觉得无聊乏味，最后也就没人提及此事了。凯瑟琳只是付以无精打采的一笑。但是，对于具有表演兴趣和天赋的狄更斯而言，他所做的这些有着独特的意义和价值。他不是一个习惯平淡生活的人，所以会不时地为自己创造意境，并乐此不疲地投入其中：或装疯卖傻，或吟诗诵文，或大喊大叫，或乔装打扮，或翻空心跟头，或平地跌跤，或坐在自己的帽子上，或拉长腔，或干任何使人心烦意乱的事等等。

结婚之后，凯瑟琳对狄更斯有了更多的了解，她试着和狄更斯一起分享浪漫表演的乐趣，但那仅限于结婚前后的一段时期。渐渐地，凯瑟琳的这种热情越来越少，她越来越感到乏味，并且最终对狄更斯的表演不做任何回应。

克里斯琴夫人曾回忆过一段狄更斯的轶事，从中我们可以窥见他非常享受即兴式的表演。当时克里斯琴夫人与狄更斯一家在布罗德斯太尔斯度假，一起度假的还有狄更斯的几位亲戚。有一天晚上，大家一起在防波堤上散步，狄更斯忽然心血来潮搞起恶作剧来。他趁克里斯琴夫人不注意一下子搂住她的腰，拉着她跑下堤坡，一直跑到高大的标柱前。

狄更斯一只手拽着柱子，像在舞台上表演一般，扯开嗓子大声宣称他将拉着克里斯琴夫人直到“悲哀的海涛”将他们淹没。克里斯琴夫人拼命挣扎着想逃开，但狄更斯却丝毫不松手。他大声喊道：“仔细想一想《泰晤士报》上的专栏文章吧，那里将绘声绘色地描写可爱的埃丽诺·克里斯琴的悲惨命运，她竟被一时发了痴呆症的狄更斯淹死了！别反抗了，可怜的小鸟，在敝人这类恶棍的铁爪中，你是无力挣脱的。”

此时夜幕渐渐降临，回潮的海水步步逼近，不多时已经淹没到克里斯琴夫人的脚。她害怕极了，一直大叫着希望狄更斯放开自己。但是狄更斯依然沉浸在自己的表演中，即使凯瑟琳前来劝解，他也不管不顾。他一直对克里斯琴夫人揪着不放，一会儿放肆地开怀大笑，一会儿又诙谐地胡言乱语。

凯瑟琳已经习惯了丈夫的这种即兴表演，但她同时也感到自己很难跟上丈夫的感情和心理节奏。狄更斯的事业日渐成功，他身上的唯我独尊也随之从萌芽的幼苗长成了一棵大树。对一个幸福家庭来说，这不能不说是一种阴影。

4. 《老古玩店》

狄更斯通过即兴表演耗尽了多余的精力之后，忽然变得一本正经，一门心思地投入《老古玩店》的创作中。他写信给福斯特说："我发觉每星期至少应有5天严格控制饮食和进行锻炼，这对生活完全必要。"他原来打算把《老古玩店》写成一则篇幅不长的故事，在《汉弗莱老爷之钟》周刊上连载六七期。但是《汉弗莱老爷之钟》销量锐减，狄更斯不得不放下一切，开始严肃地构思，对《老古玩店》的创作渐渐占据了他的全部想象。

1840年下半年，狄更斯将所有的精力都倾注在《老古玩店》上。他写信给福斯特说："6月17日，已经4点钟了，我从八点半起就一直未曾停笔。我现在真是智穷才尽，简直应当头朝下从悬崖上跳下去。我对今天开始写作的第15期抱着很大的希望。其中有一个段落描写了他们如何缓缓地出城，如何穿过充斥着各色人物的街区。如果我在其他人的作品中读到它，我想我一定会赞叹不已。当然，那孩子和那老头正在赶路，这真是个十分美妙的题材……"

狄更斯非常关心英国城市中苦难儿童的不幸命运，这样的主题无疑揭露出当时英国社会存在的残酷现实与弊端。为了追求工业化，可怜的孩子们成了社会的牺牲品。当时，大量的儿童还未成年便已夭折。勉强活下来的孩子则食不果腹，衣不蔽体，还要为那些残酷的黑心商人工作，很多少女甚至不得已做了雏妓。《老古玩店》关心的正是这样的主题，因此整个小说的基调是悲怆、凄凉的。狄更斯强忍着心中的巨大压抑，继续着小说的情节。

狄更斯天使妻妹的形象一直深深印刻在他的心中，于是，他顺理成章地将对玛丽·霍格斯的思念全都融入小说的主人公小耐儿身上。小耐儿年方十四，美丽动人，纯真善良，她与外祖父相依为命。为了维持生计，她的外祖父开了一家古玩店，日子本来可以很美好，但是由于外祖父嗜赌，终于钻进了奎尔普精心设计的圈套，最后落得破产的下场。

贪心的奎尔普霸占了老古玩店后，还想将美丽的小耐儿占为己有。为了逃离奎尔普的魔掌，外祖父不得已带着小耐儿离开了伦敦，从此过着颠沛流离的生活。

小说家们通常都喜欢通过煽情来吊起读者们的胃口，狄更斯也不例外。他想让每一位读者都喜爱小耐儿而憎恶奎尔普，最终他以其扎实的文学功底和熟练的笔法成功地做到了这一点。读者的情绪被调动了起来，这样，狄更斯就又面临着更加严峻的考验，因为情绪高涨的读者们对作品有了更高的期望。这使得狄更斯自己都不敢想象小耐儿的最终命运，他说“这篇故事的结局使我心碎，我简直不敢写出来”。

读者们都预感小耐儿将是一个悲剧人物。福斯特也劝狄更斯以死来结束小耐儿悲惨的花季岁月。狄更斯为此而痛苦，他坐在书桌旁，久久不愿动笔写下小耐儿的最终命运。此时，运载着小说最新章节的船驶抵大洋彼岸美国纽约的码头。翘首企盼的人群向船上的人大声问道：“小耐儿，死了吗？”

在那个万籁寂静的夜晚，狄更斯在伦敦的住所书写着小耐儿的结局：身心俱伤的小耐儿最终因精神过度疲劳而结束了生命。小耐儿的夭折让狄更斯及同时代所有的读者都有了心碎的感觉，人们顿时沉浸在悲伤里，就连铁石心肠的恶棍看到小耐儿的夭折也会痛哭。后来，狄更斯在写给麦克里迪的信中说：“我在慢慢地谋杀那孩子，我心疼得了不得，但只能这样。”

总体来说，狄更斯通常都以善有善报，恶有恶报的观念来设计故事情节和人物命运。罪恶的奎尔普费尽心机，事发逃窜，失足落水，终于落得一命呜呼的下场，让人拍手称快。善良的加兰德先生与匹克威克、布劳思和契里布尔兄弟一样，对小说中人物的命运起了扭转乾坤的作用。好心绅士的出场是狄更斯前期小说创作中的惯用构思，确实也为他赢得了喝彩。

人们因为小耐儿的不幸夭折而流下了真切的泪水，《汉弗莱老爷之钟》的销量也因为刊登《老古玩店》而猛增至10万份。

5. 第一部历史小说

狄更斯曾在《老古玩店》即将完稿时说："一想到我已永远地失去了所有这些人，我就十分忧伤，我感到似乎我再也不能对一批新的人物产生爱慕之情了。"此时狄更斯的脑海中暂时失却了能够引起他兴趣的现实人物。

他悠悠地闭上双眼，并开始回忆，苏格兰杰出的历史小说大师司各特的形象立刻浮现在他的脑海中。这位狄更斯崇拜的偶像给了他灵感和启示，让他想起自己初涉文坛时就想写一部历史小说的宏愿。此后，狄更斯便重拾这个愿望，开始了自己的第一部历史小说《巴纳贝·日阿吉》的构思。

从1836年到1840年的五年间，狄更斯在伦敦可谓风头出尽，连续出版了两卷特写集和三部长篇小说，创造了文学史上的奇迹。他的每部作品都受到人们的喜爱和追捧，这些成就极大地鼓舞着狄更斯。他信心十足，相信自己几乎无所不能。此时，他拿起笔来写作《巴纳贝·日阿吉》，将表现的重点放在被裹挟参加暴乱的巴纳贝·日阿吉身上。

然而，并不是所有酝酿已久的东西都能一气呵成地写出来，狄更斯此刻便面临着这种窘境。那天，他无奈地发现自己“从今天上午十点半起，就一直兴趣盎然，专心致志地盯着《文学珍奇》中的一页，竟然无心翻动书页”。

在他动笔之前，每一部分内容都至少需要经过一整天的冥思苦想。有时候他闭门不出，独自坐在家中苦苦思索一整天，却不能写出一个字。他用尽心思去构思书中人物的故事，却什么都想不出来。

狄更斯一直喜欢通过环境的改变来刺激自己的思维和灵感，所以他只身去了布莱顿，并在那里花了一个星期来构思故事的情节。回到伦敦之后，他又去“最破败和最凄惨的街道上到处游逛，寻找我想用来加以发挥的景象”。

狄更斯非常喜欢去位于埃平森林边缘的奇格威尔，他把许多情节都设置在那里，并将那里的君首旅店变成了小说中的五朔节花柱旅店。一次，狄更斯与福斯特在那家旅店用餐，他们在要求小店老板加满一杯葡萄酒的时候，狄更斯饶有兴致地问那老板：

“老板，你或许想知道我是谁吧？”

“是的，先生。”

“我是查尔斯·狄更斯。”

“而我”，福斯特也自豪地说，“是约翰·福斯特。”

但令两人失望的是，老板竟然无动于衷。

6月份，狄更斯接受了其好友兼崇拜者杰弗里勋爵的盛情邀请，带着夫人凯瑟琳一起访问了苏格兰。在那里他们第一次受到公众热烈的欢迎。狄更斯下榻的皇家旅馆被热情的读者围得水泄不通，人们异常兴奋和好奇，迫切地想要见见这杰出的小说家。结果，狄更斯不得不躲入走廊尽头一套与外界隔绝的屋子里。

那段时间，狄更斯完全将自己奉献给了苏格兰热情的大众。崇拜者们绕前捧后。宴会、祝酒、致辞成了他的家常便饭。当然，狄更斯也没有错过参观司各特故居的机会。与和社会名流一同出席酒会、观看演出相比，司各特的故居显然更具吸引力。

在经历和享受了这空前的热闹之后，狄更斯的内心开始渴望安静。他心里一直记挂着《巴纳贝·日阿吉》，于是便迫不及待地回到伦敦，立刻投入到了写作中。

狄更斯为《巴纳贝·日阿吉》倾注大量的精力，除了散步外，他将大部分时间都用于伏案写作。结果久坐成疾，狄更斯不得不在10月初接受了一次异常痛苦的手术。

"我深受一种瘘病之苦，这是坐写字台过久的结果"，狄更斯曾向麦克里迪细述过病情的痛苦程度，麦克里迪单单是听到他的描述就备感"痛苦"。不过让人欣慰的是，狄更斯的那次手术非常成功，身体也很快就康复了。更让狄更斯感到高兴的是，他将在11月初顺利结束《巴纳贝·日阿吉》的写作。

狄更斯的新作是一篇引人入胜的故事，它的情节并不像其前几部小说那样哀婉和扣人心弦，所以，也不及它们受读者欢迎。但是，狄更斯在小说创作上的杰出成就是有目共睹的，他的作品不仅遍及英国以及欧洲的一些国家，甚至在大洋彼岸的北美大陆也能看到狄更斯的精彩之作。

而当对作品和作者赞誉的词语从美国的边远地区传到狄更斯的耳旁时，狄更斯兴高采烈地回答说："你们发自密西西比河岸绿色森林中的充满深情厚谊的问候与褒奖，比欧洲所有宫廷所能授予的一切荣誉称号都更深入我的内心，更使我心满意足……能被告知浩瀚世界的每一个角落中，都有一个精神上与你息息相通的祝愿者，真是无上的荣耀，给我一座金山我都不换。"

于是从那时起，狄更斯萌生了访美的念头。

第六章　美国之行

1. 海上之行

1842年1月3日，狄更斯带着自己的夫人凯瑟琳以及女仆安妮踏上了蒸汽邮船布列坦尼亚号。此时，这艘载重1154吨、客容量115名的邮船正慢慢地驶出利物浦港，开始了它的横渡大西洋之行。于是狄更斯的访美之行便这样开始了。

有人猜测，狄更斯之所以访美是因为他当时在一个臭名昭著的诈骗组织凯罗公司里有一些投资，所以他想去看看位于俄亥俄河与密西西比河交汇处的凯罗这个城市。这个理由十分荒诞，狄更斯不可能仅仅为了看一眼他储蓄的一块坟地而跨过一个大洋和半个大陆。

事实上，狄更斯完全是出于好奇，他想亲眼看看一个新的共和国是如何对旧君主制做出改革的；其次，狄更斯有信心能受到和之前访问苏格兰一样的隆重礼遇，他希望再次感受一下被人们热烈欢迎的场面。

旅途伊始，海上风平浪静。狄更斯怡然自得地站在船上感受着大海的气息。然而，这样惬意的时间非常短暂。从第二天开始，狄更斯便感觉浑身不自在，虽然没有真正的晕船，但他提不起半点兴致，爬上床铺一躺就是好几天。

凯瑟琳的情况比狄更斯更糟，她显然晕船晕得非常厉害，难受得连话也不愿意说一句。狄更斯看着凯瑟琳痛苦的样子，却“感到一种懒洋洋的快意——一种残忍的乐趣，如果这种冷冰冰的感觉能冠以如此尊称的话”。这种心情很容易让人联想到奎尔普见到妻子遇上不幸时幸灾乐祸的情景："我真高兴，你湿透了。我真高兴，你冻坏了。我真高兴，你迷路了。我真高兴，你哭红了眼。看到你的小鼻子上满是冰霜，冻得缩起来，我心花怒放。"

当狄更斯感觉稍好，终于可以离开床铺到处走动时，他便兴致盎然地找人聊天或者在女客舱中玩纸牌来打发时间。但是，海上的天气真的难以琢磨，行程过半时，糟糕的天气让船上的旅客们心惊胆战，甚至有好几个小时，他们"静待最坏情况的发生，我毫不指望能重见天日，只能听天由命了。"

其实对于狄更斯来说，当时的他根本没有时间为这些念头而烦恼，因为他正忙着安慰那些女人。凯瑟琳待在女客舱中，她穿着晚礼服，和安妮以及一位瘦弱的苏格兰女士一起都被吓坏了。海上波涛滚滚，轮船被颠簸得左摇右晃，桅杆也不时地没入水中，夜黑中的闪电仿佛劈开了天窗直接射入天窗中，这一切都足以让任何一个无畏的勇士感到害怕。

女客舱中有一个很长的大沙发，凯瑟琳、安妮和那个苏格兰女士就蜷缩在沙发中瑟瑟发抖。为了安慰她们，狄更斯想到了白兰地和水。于是他端起一杯掺了水的白兰地想给她们压压惊。让狄更斯吃惊的是，本来她们三人一起挤在沙发的一端，正当狄更斯准备为她们灌酒时轮船激烈地颠簸了起来，她们三人也随之滑到了沙发的另一端。

狄更斯只好摇晃着走到另一端，他刚刚站稳，船又开始颠簸起来，于是她们又滑了回去。狄更斯只得再往回走。这样来来回回大概持续了半个小时，狄更斯一直和她们玩着捉迷藏一般的游戏，却一次也没能抓住她们。当时狄更斯穿着一件蓝色上衣和一条粗布裤子，他后来想到自己在此时的处境都会情不自禁地笑出声来。

轮船终于闯过了难关，然而也许是由于舵手过于自信，轮船又在哈利法克斯港的入口处附近撞了一次泥滩。从此处脱身之后，船只驶抵港口。

在经过了海上那些大风大浪之后，旅客们仍旧安然无恙，于是狄更斯倡导这些旅客筹钱一起向他们称职的船长送一份礼物。最终，他们筹得了五十英镑，用这些钱买了一套餐具送给了约翰·休伊特，“以对他在异常困难和危险的情况下所表现出来的高超技能聊表谢意。”

狄更斯的到来，让哈利法克斯的人民激动和疯狂起来，他再次受到隆重的欢迎。这使得狄更斯非常自豪，他在家信中便情不自禁地称自己“独具一格”，正如他的查塔姆的校长威廉·贾尔斯曾经送给他的鼻烟壶上刻着“独具一格的博兹”一样。因此他用同样的方式也向福斯特描述了自己在哈利法克斯所受到的欢迎：

“我真希望你能看到成千上万的人在街头向一个独具一格的作家欢呼。我真希望你能看到法官们、司法官们、主教们和议员们欢迎这个独具一格的作家。我希望你能看到这个独具一格的作家被引到议长座椅旁边的一张大扶手椅前，一个人坐在众议院的大厅正中，在众目睽睽之下，带着一种堪作楷模的严肃神情，听着世界上最奇特的发言。”

2. 在波士顿受到的赞美与抨击

1月22日，“布列坦尼亚号”终于抵达终点港口波士顿。狄更斯万分激动，站在甲板上四处张望，“即使我的眼睛与百眼巨人一样多，这里的新鲜东西仍使我目不暇接”。

不一会儿，狄更斯的注意力被十几个看上去像是报童的人吸引了，只见他们脖子上围着很旧的羊毛围巾，肋下夹着大捆报纸，手里还拿着布告牌。他们冒着生命危险跳上船，向狄更斯走来。他们介绍自己是编辑，然后热情地与狄更斯握手，直到他的手被握得完全没有知觉。

狄更斯设法脱身之后，一行人便驱车驶向当地最好的特雷蒙特旅馆。他们刚刚到达目的地，狄更斯便迫不及待地跳下车，兴奋地跨上旅馆的台阶，激动地喊道："我们到啦！"这时，他目光敏捷地打量着四周，和周围的人谈笑风生，就像他刚刚回到自己家中。

在美国，狄更斯再次受到史无前例的隆重接待。此后没有一个作家在异国他乡受到如此热烈的欢迎，唯有狄更斯自己25年后重访美国那次是个例外。自从狄更斯入住特雷蒙特旅馆后，那里经常挤满了人，每天都会涌进一批批来访者，其中甚至有从边远西部长途跋涉两千英里来到这里的代表团。几乎所有的州政府都给狄更斯写信。同时，他还接到了大学、国会、参议院和各种各样的公共或私人机构的问候。

钱宁博士致信说："这不是胡闹一场，也不是普通的感情，这是一片真心，过去没有，将来也不会有如此巨大的成功。"狄更斯对致力于反对蓄奴制斗争的钱宁博士充满敬意，他后来在游记中提到的第一个美国人就是钱宁博士。

狄更斯在美国参观的第一所大学是位于波士顿的哈佛大学。学校中几位学识渊博、造诣深厚的教授，如诗人朗费罗、希腊文教授菲尔顿和历史学家斯巴克斯，和狄更斯一见如故，谈得很投机。

尤其是菲尔顿，他和狄更斯有着相似的出身和经历，所以早在《匹克威克外传》发表时，菲尔顿就说："我深信，我们时代最伟大的天才出现了。我认为查尔斯·狄更斯是莎士比亚以来最有创造力的天才作家。”菲尔顿很快就成了狄更斯的知音，两人第一次握手，心中都充满了相见恨晚的感觉。

在对美国大学进行了一番参观和走访之后，狄更斯给予其很高的评价：“不传播一偏之见，不培养顽固之徒，不翻尸倒骨地发掘陈旧的迷信，从来不阻止进步的脚步，从来不会因宗教见解不同把人拒于校门之外，当然还有不能忽略最重要的一点，在他们的教与学两个方面，都承认学校以外还有一个世界，并且还是一个广阔的世界。”

自访美那天开始，狄更斯便后悔自已粗心大意，竟然忘记带一名秘书在身边帮忙安排日常的行程计划。后来，狄更斯在朋友们的推荐下，以每月10美元的价格雇了一个名叫乔治·普特曼的年轻人做他的临时秘书。这个年轻人谦虚谨慎，沉默寡言，唯命是从，工作十分出色，让狄更斯非常满意。

不久以后，狄更斯每天的时间都被安排得满满当当，以至于无法接受计划之外的邀请。他拒绝市长纳森·查普曼先生邀请的对话充满了风趣。

“狄更斯先生，你能与我一起赴宴吗?”

“对不起，我有约会。”

“你能与我共进晚餐吗?

“晚上我有约会。”

“你能与我共进午餐吗?

“中午我有约会。”

“你能与我共进早餐吗?”

“早上我有约会。”

“你能与我一起睡觉？”

“噢，太愿意了，没有任何事情能比得上接受一个睡觉的邀请更使我心满意足了。”

狄更斯在社交场合的言辞也和他的笔法一样不乏幽默。一个女崇拜者渴望得到他的一小卷头发，狄更斯毫不犹豫地满足了她的心愿，同时为了杜绝类似的事情再次发生，他立刻声明说：“这是我除了理发师以外给别人的第一缕，也十分可能是最后一缕头发，因为我如果在这方面开明起来，我的下一幅肖像肯定无疑将是一个光头绅士。”

狄更斯很快就成了波士顿的焦点，虽然他受到了读者们空前的热情和拥戴，但也不免遭到一些不友善的上层社会人士对他的行为举止和穿着打扮等的评头论足。有人说他有一张浪荡公子的嘴，如果把他脸上的才华去掉，他会与任何一个伦敦的商店老板一模一样；他不加思索就把话讲了出来，虽然热情洋溢，却远非教养良好；他的背心颜色也不像一个绅士，大部分波士顿绅士在穿礼服的场合都穿黑色绸缎背心，狄更斯却穿着嫩绿或鲜红的丝绒背心，戴一条别出心裁的领带，这是任何一个可称得上绅士的波士顿人做梦也不会想到的。

在一次晚宴上，狄更斯突然在镜子里瞥见自己的头发有点乱，便不顾公众场合，很自然地从荷包里掏出一把袖珍梳子，坐在餐桌边毫无顾忌地梳起头来。四座顿时为之一惊。

另一次在波士顿的名门望族普雷斯科特法官为他举行的家宴上，人们热烈地争论着萨瑟兰公爵夫人和卡罗琳·诺顿夫人谁最美丽，有人问狄更斯的意见，狄更斯居然毫不犹豫地回答说：“哦，我不十分清楚，或许诺顿夫人更美丽一些，但我认为公爵夫人是一个更值得一吻的女人。”即使是一场地震也不会使在座的人们如此大惊失色。所以，当狄更斯离开波士顿前往纽约时，当地的高雅人士觉得如释重负。

但就在狄更斯即将离开波士顿的时候，他脑子里突然冒出的一个想法成为他临行前扔下的一颗重磅炸弹。他在一次公开宴会上提议英国作家应当分享一份美国出版商从他们的作品中获得的巨额利润。当狄更斯看到美国有这么多读者喜欢他的作品时，他确实认为，自己拼命地工作是值得的，因为它给无数读者带来了乐趣，而正因为如此，他更有理由从他的工作和他所提供的乐趣中获得某些微薄的报酬。

令人遗憾的是，当时还没有国际版权公约。狄更斯小说的每一个新章节一到达美国，就立即被出版商抢去，并以最快的速度翻印上万册，然后销往全国。他们沉浸在利用他人的智慧结晶赚得大笔金钱的喜悦中，却也从来没有想过给那位让他们大发其财的作家写一封感谢信，更别指望从他们的锅里分一杯羹。所以，在之后的很多公开场合中，狄更斯也多次提到保护作者权利的问题。这的确是一个具有超前性的正确主张。

然而自狄更斯公开提出那个提议开始，便引来了一片抗议之声。有人当面劝阻他，也有人不怀好意地写匿名信给他，更有甚者，在报纸上撰文说狄更斯这个突发奇想的念头早在他的访美计划和目的之中。他们对狄更斯大肆攻击，说他不是一个绅士，只不过是一个被人雇用的恶棍。

这些攻击让狄更斯心中充满“失望和悲伤”，也改变了他对美国的看法。它成了狄更斯在访美过程中最遭打击的一件事，但同时也是最有价值的事情，他虽然没有赢得版费，却博得了永久的尊敬。

事实证明，建立保护国际版权制度已经成为现代文明社会的准则。然而狄更斯在回国以后在给朗费罗的信中不得不遗憾地预言“我们这辈子也看不见国际版权法的通过了”。的确，直到1891年英国和美国才签订了第一个国际版权协议，而那时狄更斯已不在人世间了。

3. 纽约再提版权问题

2月中旬，狄更斯一行抵达纽约，并在卡尔顿旅馆安顿了下来。

当华盛顿·欧文打听到狄更斯到来的时间，激动得于他们抵达的当晚便去拜访这位素未谋面的客人。后来狄更斯在信中提及欧文时充满倾慕之情，而欧文在公开场合提到狄更斯时也是谨慎周到，他们的行为几乎让所有的人都以为他们彼此间相契合，然而事实却非如此。

华盛顿·欧文激动地赶到旅馆，递上自己的名片，然后被领进了狄更斯的客厅。让他没有想到的是，伴随着一阵声响，狄更斯像旋风般奔了出来，手里竟然还拿着餐巾，看到华盛顿·欧文，他兴奋地大声问好，之后便硬生生地把他拉向餐桌。

欧文尴尬地发现桌上“粗俗地堆满了食物”，更让他难以接受的是，桌布上满是汤迹和酒污。狄更斯似乎并没有看见这位客人难堪的表情，仍旧以自己的方式热情地招待这位客人。“欧文，”狄更斯喊道，“我见到你真高兴。你想喝些什么？一品脱加糖威士忌还是杜松子鸡尾酒？”

自从那次拜访以后，欧文一直不愿跟人提起那天狄更斯招待他的经过。在他的眼里，那不是亲热的招待，整个场面都令他极为尴尬。由于两人性格的差异，欧文对狄更斯在待人接物、穿着、举止上不拘小节的作风完全不理解。他还把狄更斯对他的友好说成是自私自利。总而言之，这位英国天才的行为完全出乎这位美国绅士的意料，前者在后者心目中的形象大打折扣。

事实证明，狄更斯在纽约受到的欢迎程度不亚于波士顿，无论他走到哪里都会被热情的人们包围。但也有少数的美国人反感和厌恶“这种低三下四的恭维，令人作呕的奉承”。有人竟冷嘲热讽地提议说，应该让一个精明能干、富有创业精神的美国佬把博兹买下来，像动物一样放进笼子，然后带着他去全国各地展览。

2月14日人们专门为狄更斯在公园剧场举行了盛大的舞会。“三千人身穿礼服出席，从屋顶到地上，整个剧院装饰得富丽堂皇，那里华灯高照，光彩夺目，人声鼎沸，欢声雷动。”人们将狄更斯小说中一些典型的场景融合进了各种舞台造型。荟萃一堂的达官贵人也令狄更斯瞠目结舌，手足无措，应接不暇。那场舞会举办得非常成功，让狄更斯终生难忘。舞会之后狄更斯不幸患上了咽喉炎，于是不得不取消18日以前的所有约会。

狄更斯康复后，于2月18日出席了纽约市政厅为他举办的宴会。宴会主持人是华盛顿·欧文，他办事一向谨慎，他担心在宣读发言时会出岔子，所以特意准备了一篇发言稿。但整个过程仍然没能按他预期的那样进行，甚至让他难以掌控整个局面。

在这次宴会上，狄更斯再次提出了国际版权的问题。此时在场的好几位地位显赫的美国人顿时感到羞愧难当，在这样的场合下，他们不得不公开支持狄更斯的观点。欧文第一个做出了表态：“说句公平话，应当让那些头戴桂冠的人从他们的桂冠中得到好处。”

接着一位名叫科尼利厄斯·马修斯的编辑也宣称，由于出版商们能分文不花地获得英国作品，致使美国作家也身受其害，所以他真心地宣布：“我渴望看到我们拖欠英国作家兄弟的巨大债务中的一部分能够得到偿还，这种债务已经积欠了多年了。”

那些反对狄更斯观点的人也不消停，他们在报纸上恶意中伤狄更斯，其恶劣的程度使狄更斯愤愤地说：“我对这种怯懦狭隘的行径感到轻蔑和愤怒，可以对天发誓，这种感受是我有生以来从未经受过的巨大痛苦。”

当然，也有《论坛报》这种较为上流的报纸支持狄更斯的观点。为了争取自己的权利，并及早结束这场争端，狄更斯打算不再孤军作战，于是他发动福斯特为自己争取几位有影响力的英国作家的支持。卡莱尔立刻表明立场支持了狄更斯，紧接着传来作家们一片赞同的声音，然而版权问题的解决却拖延了半个世纪。

渐渐地，狄更斯对在纽约的出行不便变得越来越难以忍受：“我无法做我想做的事情，去我想去的地方，看我想看的东西。如果我待在家中，访问者就接踵而至，使这所房子变得像一个集市。如果我待带一位朋友访问一个公共机构，主任们便会不知不觉地走下楼来，把我挡在院子里，对我发表长篇大论。我晚上去出席一个宴会，被人们团团围住，站在那里动弹不得，憋得喘不上气来，直弄得筋疲力尽为止。”

狄更斯可不想眼睁睁地看着自己这样枯燥地过下去，他偷偷地进行了一次愉快的旅行。在某个深夜，他与两名警官一起“跑进城里每一个妓院、贼窝、凶宅、水手们的舞场、黑人与白人各自的罪恶老巢”。

自从狄更斯在宴会上公开自己的版权要求受到不同程度的中伤之后，他便开始厌恶和反感出席美国的宴会和招待会。于是他毫不犹豫地谢绝了费城、巴尔的摩、华盛顿和其他地区的公共机构的邀请，他打算尽可能按照自己的意愿静静地看看美国，但这个对常人来说很容易做到的事对他来说却很难。

狄更斯带着对纽约的失望，踏上了开往费城的火车，在火车上，他无意中领略到一种遍及全美的“风景”。“当时我正在火车上饶有兴趣地欣赏日落的景色，突然从我前面的一列绅士车厢的窗子里出现的一种奇特景象吸引了我的注意。我起初以为这是因为车厢里有几个人不辞劳苦地撕着羽绒床垫，然后把羽毛撒向空中，让羽毛随风飞舞。但最后我意识到他们只不过是在吐痰。事实也确是如此，虽然我对一个车厢所能容纳的区区几人怎能吐痰吐得犹如一场不停的阵雨一事大惑不解，我后来对吐痰现象所获得的一切经验仍解答不了我的困惑”。

4. 最后的旅程

狄更斯一行人于3月初到达费城。那里的人们也同样不乏对这位家喻户晓的大作家的兴趣。有一家晨报竟然刊登了这样一条出乎狄更斯意料且让他极为不情愿的消息：“狄更斯先生将乐于十点半至十一点半与他的朋友们握手”。于是，在他居住的合纵旅馆挤满了很多闻讯赶来的人。

狄更斯得知此事后，大吃一惊，他非常生气，于是果断拒绝握手的要求。这时旅店老板恳切地告诉他，如果这些人失望的话，将会发生暴乱，旅店可能遭劫。狄更斯只好接待“他的朋友们”。

于是狄更斯和凯瑟琳便成了握手机器，在接下来的两个小时里，重复着无数次握手的动作，致使胳膊几乎被拉脱臼。之后，狄更斯无论走到哪里，女士们都要向他讨一缕头发，为了不至于在回到英国时成为秃头，他立马建议改为签名留念。人群里不知谁提议要他大衣上的毛作纪念，于是他的大衣立刻被人们拔得光怪陆离。

狄更斯终于离开费城，一行人来到美国的政治中心华盛顿。总统约翰·泰勒在白宫接见狄更斯，当他看到赫赫有名的小说家竟然如此年轻时也感到异常惊讶。后来，前总统约翰·昆西·亚当斯盛情邀狄更斯共进午餐。接着，许多官方要员也前往狄更斯所住的旅社拜访。

有一次会见结束时，狄更斯的临时秘书悄悄告诉他，刚才与他谈话的是这个国家最出类拔萃的人物之一。“我的上帝！普特曼先生，他们都是这样的呀！”狄更斯大声喊道，“自我到达后，还没有跟一个不是这个国家中最出类拔萃者之一的人交谈过呢。”

狄更斯凭着自己在英国议会做记者的经历和他敏锐的观察力，很快就发现了美国政治的弊端。于是，他以一个旁观者的态度，毫不忌讳地对美国引以为自豪的民主、自由、两党政治大胆直言。他说美国的政治机器掌握在最坏的家伙们手中，这些人在选举中玩弄可耻的把戏：对于官吏，鬼鬼祟祟，行贿收买；对于敌手，用下流无耻、破口谩骂的报纸作为盾牌，用花钱雇来的笔杆当枪杆，进行无耻的攻击。

他严肃地指出，“如果美国新闻界今后仍然这样厚颜无耻，那么美国人的道德就绝对不会提高，因为好报纸对提高公众道德的影响，绝对无法与坏报纸毒化公众道德的影响相比”。

为了避开热情洋溢的人群，狄更斯登上了一艘运河船，抵达匹茨堡小住后，他来到了俄亥俄河与密西西比河汇合处的凯罗。凯罗曾一度被一家股份公司的发起书虚构成一个黄金国，从而毁掉了一大批向凯罗公司投资的无辜的英国人。

狄更斯也曾投资于凯罗公司，结果血本无归，但他从中获取了宝贵的灵感和题材。回到英国后，他在《马丁·霍述伟》一书中将凯罗公司作为反面故事写了出来，从而赚了一大笔钱，也算是对他因投资而蒙受损失的一种弥补。

作为凯瑟琳的丈夫，在旅途奔波之余，也不免观察起自己夫人的表现。他在给福斯特的信中说凯瑟琳“不是掉进就是掉出我们乘坐的每一辆马车和每一艘轮船。腿上擦破了皮，脚上生出大片溃疡和肿块，踝骨碰伤了一大块，浑身摔得青一块紫一块的”。狄更斯对凯瑟琳的描述不免有所夸大，凯瑟琳固然行动不那么敏捷，但也不至于像狄更斯描述的那样。狄更斯有时候确实喜欢用夸张的方法渲染气氛，甚至在给朋友的信中也不免有想象的夸张。

但不管怎样，在狄更斯看来，妻子还是有令他敬佩的一面，他不得不承认“她的确在各方面都成为一个最令人钦佩的旅行者，甚至在我都认为是凶险的环境中，她也从未尖叫或感到惊恐。她从不灰心丧气，也没有向疲劳屈服……她总是心甘情愿地努力适应一切情况，表明她是真正的勇士。我非常满意”。

事实上，凯瑟琳在社交场合表现得大方和娴雅，与自己的丈夫配合得相当默契。她笑容可掬地聆听那些对她丈夫没完没了的赞颂，不厌其烦地与难以忍受的无聊人物握手言欢，手臂被拧得快要脱臼。就连从未与凯瑟琳交谈过的美国人都觉得狄更斯的妻子随和、智慧、宽厚和谦恭。

后来狄更斯一行人抵达加拿大。他们自然不会放过观光加拿大境内有名的尼亚加拉瀑布的机会。该瀑布两翼突出，中间凹入，呈半圆形，像一个巨大的马蹄，宽近八百米，落差达到五十米。其声震如雷，气势磅礴，水流直冲河谷，白浪翻滚，景色蔚为壮观。

当狄更斯走近瀑布，顿时瞠目结舌，瀑布强烈的轰鸣声将他的大脑震得一片空白，立刻让他产生了“心灵的宁静、安稳，对死者的平静的回忆”。这震撼的景观让狄更斯觉得，“阴郁和恐怖的感觉一扫而光。尼亚加拉立即在我心头镌刻下了一个美的化身，这个形象将留在我的心间，永不改变，永不磨灭，直至我的脉搏永远停止跳动”。但安妮看着瀑布却似乎并没有什么感觉，她只是淡淡地说：“它除了水什么也没有，而且水太多了。”

在加拿大，狄更斯置身于众多的英国人中，就像他乡遇故知一样，他倍感亲切和快乐，“这里的人们尚未因一头栽进生意经而变得粗俗、乏味和阴郁”。

在访问了多伦多和金斯顿之后，他们到了蒙特利尔。狄更斯的兴致越来越高，他竟然在缺乏演员的情况下决定为科尔斯特里姆卫队的军官们演三出独幕剧。于是凯瑟琳不得不配合丈夫，第一次充当业余演员，起初她犹豫不决，但在丈夫的鼓励和引导下竟然表演得十分到位。为此，狄更斯异常兴奋地给福斯特写信说：“那真是叫座。”

狄更斯本人可忙坏了，他既是主角，又兼总导演、舞台监督、提词员、布景师、道具管理员等，同时还包揽一些五花八门的杂事，“把不熟悉戏剧的女士和难以开窍的男士们逗得几乎发疯。我自己则大喊大叫，四处奔跑，那股劲头足以使任何不了解情况的慈善家问心无愧地给我套上疯人院的衣服。我千方百计地想使普特曼能对一个提词员的职责有某种最起码的了解。我在一阵噪音、尘土、奔忙、混乱、言语和行动纠缠搅混在一起的旋风中挣扎……这种志愿的苦工过去曾是我的巨大快乐。这种狂热劲头现在又在我身上迸发出来。我再一次感到我天生应当成为一个全国剧院的承租人，而笔墨和纸张毁掉了一个经理。”

那场业余演出成了狄更斯踏上美洲大陆以来最令他高兴和难忘的事，原因之一是他在他乡见到自己的同胞格外亲切，再就是旅途终于将告一段落，他们即将返回自己的祖国了。

由于他们首次乘坐汽轮，都受了不少罪，狄更斯讨厌那种旅行方式，他甚至称汽轮为“一种该死的发明”。于是回去的时候，他们改乘帆船，于6月7日离开纽约。

通过美国之行，狄更斯交了不少美国朋友，但是只有几个最要好的和他长久地保持着联系。后来当有人写信问他是否记得在纽约的某位绅士时，狄更斯说：“我不认识那位美国绅士，上帝饶恕我把美国和绅士这两个词连在一起。”他对美国的印象大概能够通过这句话反映出来。

5. 访美归来

1842年6月29日的夜晚，狄更斯突然兴奋地闯进麦克里迪的家里，惊醒了正靠在寓所沙发上休息的老朋友。就这样，两位阔别已久的老朋友高兴地拥抱起来。

在狄更斯夫妇出国期间，他们的孩子都托给了麦克里迪照管。但孩子们不适应他家里的环境，更不适应他的管理方式。因为麦克里迪太严肃，而且对孩子们疾言厉色，但狄更斯和他完全相反，他总是亲切随和，招孩子们喜欢。如果是麦克里迪出远门回到家中，他会首先盘问孩子的学业；对于狄更斯，他一进家门就会把孩子们从床上抱起来，紧紧地搂在怀里，一起嬉闹，有时疯狂得令孩子们抽筋。

狄更斯自访美归来，顿时觉得家乡的阴雨天气是那样的妩媚，就连那灰蒙蒙的雾气也开始变得无比美好。虽然在他不在的这段日子里，父亲欠了麦克里迪的债，兄弟弗雷德里克把德文郡巷的商行经营得一团糟，但这些丝毫没有影响狄更斯的情绪。

旅美归来的他觉得在英格兰同寅吃卯粮的父亲和惹是生非的兄弟生活在一起，也比在美国与腰缠万贯、一本正经的绅士们在一起要快乐得多。他的朋友们在格林尼治为他设宴接风，于是他高兴地喝了个痛快，一直热闹到深更半夜，带着酒意的他们才意犹未尽地各自回家。

狄更斯的生活又开始恢复了往日的秩序。6月底，狄更斯通过参阅大量的自己访美期间写给福斯特的信，着手写作《游美札记》。8月，他与朋友来到避暑胜地布罗德斯太尔斯，在那里洗海水澡、散步，并从事写作。到9月份时，他顺利地将《游美札记》写完，该书于10月初出版。在同一时期，朗费罗前来英国访问，狄更斯于是在布罗德斯太尔斯热情接待了这位美国朋友，之后还带他去参观曼彻斯特古堡和伦敦的贫民窟。

送走朗费罗之后，狄更斯借着高昂的兴致，与福斯特、麦克莱斯一起租了一辆敞篷马车，昼夜兼程，赶到康沃尔海岸。他们游览了廷特格尔·圣迈克尔峰和洛根摇石，并在“天涯海角”观看了日落。

狄更斯回到伦敦后发现《游美札记》的销量非常好。实际上许多英国读者完全是冲着狄更斯的大名去的，而大多数的美国人本以为他们给予了狄更斯隆重的礼遇，一定会在他的书中看到对美国的赞美之词。然而当他们看到狄更斯在书中对美国时弊大加嘲讽时，他们不由得心生反感。尽管如此，还是有许多进步人士给予了它公正的评价：菲尔顿说这本书“真实而宽容”，朗费罗说它“生动活泼而宽厚”。

紧接着狄更斯又写了一部小说，其中涉及美国生活的内容，使得原本对他最为宽容的美国评论家也不再对他友好了。

自1842年底，狄更斯开始着手长篇小说《马丁·瞿述伟》的创作。但他写得并不流畅，整个过程中，总是写写停停，所以这本书花了将近两年的时间才得以完成。因为狄更斯在这部作品中开始追求艺术上的严谨与完美，他将更多的精力用于全书的整体设计和效果上，这就使得他必须摆脱非常熟悉的连载形式的影响。

反思之前的作品，他的《奥列佛·退斯特》并不完全集中于揭露济贫法的主题，而《尼古拉斯·尼克尔贝》也不完全集中于嘲讽约克郡的私立学校。狄更斯逐渐意识到，要想使一部小说具有道德教化功能，只有将它的主题做到突出并且集中，这样才会对读者产生更为深刻的影响和心灵的震撼。

于是他决定在《马丁·瞿述伟》中完全集中地表现一个道德主题：自私。小说要表现金钱崇拜毒害世人的心灵，虚伪、自私、疏离、反目为仇成了人间万象，甚至还会出现弑父这种罪不容赦的卑劣行径。

因此，在狄更斯看来，《马丁·瞿述伟》是目前为止，他所有作品中最成功的一部。但读者似乎并不买他的账，《马丁·瞿述伟》一至四期只卖了两万本左右。这时，狄更斯想到了刚刚访问过的美国，为了增高作品的销售量，他决定让小马丁去趟美国，他觉得这样或许能激发读者们的好奇心。可是狄更斯忽略了一点：英国读者的好奇心可能正是美国读者的虚荣心。

凭着脑海中存留的对美国的印象，狄更斯立刻让小马丁踏上了驶向美洲的邮船。在船上，小马丁被土地推销商缠住，他们向小马丁描述着令人神往的美国待开发的乐土。由于谎言实在诱惑和逼真，让小马丁信以为真，于是他开心地前往“伊甸园”落户。结果却让他大失所望，到达后，他看到的却是一片惨不忍睹的破败景象。狄更斯在描写美国的部分都带有浓厚的讽刺意味，其中最明显的是，他给美国的报纸起名都是《起哄日报》和《阴沟报》之类。

他还在作品中写过这些辛辣的句子：

“他们太热爱自由了，所以忍不住要自由地摆布自由女神。”

“他们的忧虑、希望、欢乐、情感、美德以及诸如此类的概念似乎全都融化成了美元。”

狄更斯对美国的整体看法是：“她身受残害，又瘸又拐，遍体鳞伤，形容丑陋，几乎无可救药，实在是一个令人憎恶的生物，因此她的密友们都厌恶地避开她。”

当《马丁·瞿述伟》中描写马丁在美国的部分出版并运达美国时，全美炸开了锅。于是，狄更斯频繁地收到从美国寄来的包裹，里面全是责骂他的信和抨击他的报纸。但狄更斯并不在意，他只是将它们原封不动退给了邮局，然后深感遗憾地说：“要想讽刺和丑化那个民族是不可能的，当我阅读自己所写的文字时，我有时绝望地搁下笔，感到它们没有表达出我记忆中的感受。”

6. 圣诞老人

1843年10月，狄更斯创作《马丁·瞿述伟》过程中，曾去了一趟曼彻斯特，主要去探望多年未见的姐姐范妮，并在她家逗留了几天。曼彻斯特是一座新兴的工业城市，贫困的劳工在那里比比皆是，让狄更斯印象最深刻的是这里尖锐的劳资矛盾。

那时，姐姐已经是亨利·伯内特太太了，她更是一名虔诚的福音派教徒。她自身对宗教中繁琐的教条完全不感兴趣，只想帮助那些穷苦的人，并为他们做些切实有效的事情，所以她虔诚地投身于教育事业。其实，狄更斯有着和姐姐相同的宗教观，他们都主张打破宗派门户之见，真正以基督的博爱、宽容的精神为劳工子弟提供道德教育和工艺技术教育。

在曼彻斯特狄更斯还特意拜访了他幼时的恩师威廉·贾尔斯，当时他的老师在附近创办了一所私立学校。为了给教育事业筹集资金，狄更斯在曼彻斯特还参加了几次演讲会。与他一起演讲的还有著名政治家理查·科布登以及日后担任首相的本杰明·迪斯累里。

在演讲的过程中，狄更斯强调教育对整个国家的重要意义，他慷慨激昂地发表着自己的看法，甚至几次挥着拳头说："愚昧是产生苦难和罪恶的温床。"实际上，当时大部分作家都拒绝代表教育机构发表演说，狄更斯却与之不同，他不但接受，而且做起来还很认真。为了在演讲时更有精神，他还在吃饭前喝了一品脱的香槟酒和一品脱的雪利酒。

狄更斯一回到伦敦，便决定用自己的笔和对贫苦人民的同情写一部小说，作为献给英国读者尤其是那些贫苦同胞的一份圣诞礼物，这部小说便是《圣诞欢歌》。他说这是一个"活见鬼"的故事，也就是西欧和英国民间寓言仙传中常用的手法。实际上，狄更斯在之前已经多次运用这种手法，比如他的短篇小说《被魔鬼偷走的掘墓人》和《匹克威克外传》中的妖怪带走教堂杂役的情节。

在创作《圣诞欢歌》的过程中，狄更斯完全被这个故事中的情节所左右。他甚至在写作时"一会儿痛哭流涕，一会儿哈哈大笑，一会儿转喜为悲，反复无常"。

这部小说的主角是一个贪婪的老吝啬鬼，名叫私克鲁挤。圣诞节前夕，私克鲁挤的生意合伙人为了救济穷人而向他募捐，他却断然拒绝了。就在当晚，他梦到已故的生意合伙人马莱。老马莱的鬼魂领着私克鲁挤作了一番游历，让他一览自己的过去、现在和将来，并诚恳地告诫他如果不改邪归正，补救自己犯下的过错，将来一定不得善终。

私克鲁挤在圣诞节的清晨醒来后幡然醒悟，与以前完全判若两人，他不仅第一个捐款，还派人送一只特大火鸡给一个穷雇员过节。此后，私克鲁挤变得与从前判若两人，他由对人冷漠无情变为亲切和洽，最后还应邀参加了圣诞欢宴。

狄更斯费尽心机，把私克鲁挤的过去、现在和将来都用鬼魂来象征，苦苦寻找使富人的灵魂转恶为善的契机。他为自己选择的题材所激动，“好多个夜晚，当理智的人们都已进入梦乡时，我却在漆黑的伦敦街道上游荡，往往一夜走上15或25英里。”

狄更斯的这部作品完全成了那个工业时代的神话，那浪漫不羁的想象，淋漓尽致地表现了自己的社会理想。他鞭笞了达官贵人对日益贫困的人民视而不见的麻木和冷酷，以严厉的警告唤回他们的良知，敦促他们改过自新。

自从小说问世以后，全社会各个阶层和不同年龄段的读者都被它深深地感动了。狄更斯在小说中寄寓了一种博爱、仁慈、宽容、善意的“圣诞精神”，它不但成了狄更斯精神的象征，而且成了英国民族精神的重要组成部分。而小说中的圣诞树、槲寄生、赞美诗和圣诞火鸡也被永久地与圣诞节联系在一起。

从那时起，狄更斯就成了孩子们心目中的圣诞老人。后来狄更斯逝世时，伦敦一位卖蔬菜水果小贩的女儿，一个天真无邪的小姑娘睁大双眼问道：“狄更斯先生死了，那么圣诞老人也要死吗？”杰弗里勋爵说：“它所培育的仁爱感情和所激发的积极善举，比1842年圣诞以来基督教世界所有的讲道坛和忏悔室所能做到的还要多。”

《圣诞欢歌》得到的积极反响给了狄更斯莫大的支持和鼓励，所以，他决定每年圣诞节前夕都会创作一篇小说作为圣诞礼物。于是在1844年至1849年间他连续写了4个中篇小说：《快乐钟声》、《炉边蟋蟀》、《人生的战斗》和《着魔的人》，与《圣诞欢歌》一起结集为《圣诞故事集》。1850年至1867年间，狄更斯写了短篇小说《圣诞树》等共21篇，在他身后结集成书，名为《圣诞小说集》。

为了防止查普曼和霍尔无限度地榨取利润，狄更斯提出，在《圣诞欢歌》的出版方面采取委托出版的方式，也就是由他自己承担出版费用，而出版商抽取销售佣金。《圣诞欢歌》第一版6000册于发行当天即告售罄，举国上下对狄更斯赞誉有加，但他没有赢得他预计得到的1000英镑金币，最终收益只有200多英镑。

狄更斯认为没有达到预期收益的原因是出版商为了迫使他就范而故意抬高出版费用。当看到账目时，既感到懊恼又非常担心，他觉得自己已经面临破产。为了渡过经济难关，他决定将自己的房子出租，然后带着家人去消费水平比英国低的其他欧洲国家生活。

但是在临走之前，他坚决要求与查普曼和霍尔公司断绝关系。考虑到福斯特是查普曼和霍尔公司的文学顾问，不宜代表自己出面，他最终委托早年就结识的朋友托马斯·莱蒙去处理这件事。

印刷商布雷德伯里和埃文斯起初对是否进入出版行业抱有疑虑，但他们相信从狄更斯身上肯定会捞到更多的好处，于是便打消了疑虑，毅然决定与狄更斯达成合作，出版他的作品。

根据协议，雷德伯里和埃文斯预付给狄更斯2800英镑的稿酬，而狄更斯必须将今后8年内创作的全部作品的四分之一交由他们出版，至于作品的写作时间和形式等由狄更斯自己全权决定。这样狄更斯还清了欠查普曼和霍尔公司的全部债务，他们之间的往来也从此中断了很长时间。

这年，狄更斯的第五个孩子弗兰西斯出世，狄更斯在经济上的压力更大了。当时欧洲大陆国家的生活费用要远远低于英国。于是狄更斯决定携家眷去国外生活一年。很快他就将房子租了出去，买了一辆旅行用的大四轮马车，并雇了一名男仆兼脚夫路易斯·罗奇，准备开始他全新的生活之旅。

与朋友们举行完告别宴会后，狄更斯一家开始了他们的旅程，狄更斯全家渡海到了法国的布隆。四匹马拉着宽敞的旅行车驶过法国的大地，车里有神态平和的狄更斯，面露倦意的凯瑟琳，她的妹妹乔治娜，他们的5个孩子以及安妮等5名仆人。

第七章　旅居国外

1. 热那亚的钟声

1844年7月中旬，狄更斯一家人到达热那亚的海滨郊区阿尔巴罗，住进巴格那莱罗别墅。这所房子是安格斯·弗莱彻帮他们找的。底层给了弗莱彻，其余的房间由他们居住。房子整体来说非常宽敞，但陈设简陋，而且有老鼠、蚊子、跳蚤、甲虫等出没，让人感觉很不舒服。但是，不可否认的是，这个地方的风景很美。

对于身在异国他乡的人来说，如果不会讲当地的语言肯定会给生活带来许多不便。虽然在来意大利之前狄更斯曾经跟着流亡在英国的意大利人学习过一段意大利语，但他也仅仅是略知皮毛。到了意大利后，他便刻苦学习当地的语言，为了能尽早学会日常用语，还特意雇了一个本地人来教自己。最后，狄更斯变得“在街上像狮子一样勇敢”，“有时走迷了路，鼓起勇气与人交谈，胆子大得惊人”。

狄更斯深深地陶醉在意大利的迷人风光、多姿多彩的建筑和珍奇的古代艺术中。这里下层人民的生活和富于民族特色的民间艺术也引起了狄更斯极大的兴趣，他在写给福斯特的信中除了担心马厩里的跳蚤会随时把他家的马拉走外，还生动地描绘了演滑稽角色的木偶随着音乐节拍跳起芭蕾舞和双人舞的情形，“木偶还会向观众挤眼睛，丢个眼风，简直有趣极了”。

虽然狄更斯随身带来了写给热那亚名门权贵的介绍信，但他根本没打算使用它们。倒是那些达官贵人们听到狄更斯到来的消息，都争相登门拜访，尤其是一些名流争先恐后地以结交当代最负盛名的作家为荣。狄更斯无暇应付他们，总让凯瑟琳与他们周旋，只有在迫不得已时才出来露一下面。

10月，一家人又从阿尔巴罗搬到了热那亚。他们住在意大利最漂亮的住宅之一——渔池宫，从这里可以眺望城市和海港的迷人景色。宫殿的大厅高达五十英尺，四周有米开朗基罗绘制的壁画，庭院里有几处喷泉竞相喷吐，花香袭人，露台亭亭而立。

狄更斯喜欢站在大厅里，那种感觉就像“王子”站在自己的“宫殿”里，他满足地凝望着四周的景象，“陶醉在无限美妙的梦境之中”。这里的房租大约是每周五英镑。狄更斯发现，在意大利能像王子一样地生活，而这种生活的开销在英国只够维持一个穷诗人的生计。

可是，即便是这样美好的生活，狄更斯也很难静下心来创作。他开始想念伦敦，想念家乡，觉得他好像从故土中被拔了出来。他的创作灵感完全离不开伦敦的街道和人群：“你知道，只要晚上八点钟把我放在滑铁卢桥上，让我尽情地四处游逛，我就会在回家之后迫不及待地奋笔疾书。但是在这里我却怎么也无法定下心来写作，我就是这么怪。”

一年多以来，他一直都在构思一部能够作为圣诞礼物的作品，作品以“大长穷人的志气”为目的。可是自从他来到意大利，就未曾动过一个字，虽然他知道自己心里想说什么，但就是不知道该怎么写出来。

一天，正当狄更斯苦思冥想之际，热那亚全城钟声齐鸣，顿时让他非常恼火，觉得自己没法创作。但是，当钟声戛然而止时，在他脑袋里突然蹦出了福斯塔夫的一句话：“我们在半夜听到了钟声，饶舌老爷。”就是这句话引导了他的写作思路，书的形式和题目也基本定了下来。从那一刻起，他又一次完全进入了故事情节，

《快乐钟声》的创作完全使他着了魔。

当省长来到该城举行招待会时，狄更斯无暇参与，并请求领事为他的缺席说明原因。

“大诗人在哪儿？”省长说：“我想见见大诗人。”

“阁下，大诗人正忙着写书呢，他请我代他致歉。”

“致歉!”省长叫了起来：“我说什么也不愿意妨碍这样一项工作。请转告他，我在府第静候他大驾光临，但须等他完全方便的时候，而不是在其他时候。除非确知狄更斯先生有空，任何人都不要去打扰他。”

这正是统治者对艺术家们的正确态度。

狄更斯如痴如狂地沉浸在《快乐钟声》的创作之中。他早上7点钟起床，早饭之前要先洗一个冷水浴，将储备好的精神用于奋笔疾书，他激情满怀，几近疯狂，这种状态一直持续到下午3点。自从创作开始，他原本丰满的双颊便渐渐地凹陷了下去。他已经将自己全部的激情和精力都放进了小说的构思中，有时甚至半夜也会把他惊醒。11月3日，他写成了《快乐钟声》，并于当天痛快地大哭了一场。

狄更斯对自己刚完成的圣诞新作激动不已，他对这部作品充满了信心，于是立马写信将这个好消息与好友福斯特分享：“我已经写好了一部了不起的书，它远远胜过《圣诞欢歌》。”由于抑制不住内心的激动，他带着自己的新作只身离开热那亚，直奔伦敦。

得知狄更斯的到来，福斯特还叫来了十几位狄更斯的朋友。于是，在福斯特的寓所里，便出现了这样一种场景：卡莱尔、麦克莱斯、麦克里迪等十几位狄更斯的朋友静静地围坐在火炉旁，认真地听狄更斯朗读他的新作。

《快乐钟声》可以说是狄更斯一部充满激进的，甚至说是革命性观点的圣诞佳作。在场聆听朗诵的朋友无一不被故事的情节感染，画家麦克莱斯当场用画笔记录下了这一令人难忘的场面。其中麦克里迪居然“在沙发上毫不掩饰地呜咽抽泣”。狄更斯得意地说，这就叫“力量”，他觉得自己的声音对在场的每一个人产生了神奇的感染力。

这次朗诵的良好效果给了狄更斯极大的鼓舞，于是，他在脑海里萌生了举行公开朗诵表演、专门朗诵自己作品的想法。狄更斯从小便对表演充满了兴趣，直到现在，他还是非常渴望自己能够拥有更多的观众。

后来，狄更斯还写信跟姐姐范妮分享自己的兴奋和喜悦，他在信中说，排字工人在排这部小说时也是一会儿哭，一会儿笑；他还提醒姐姐在读小说的第三部分时，最好先取一条新手帕备用。

在伦敦逗留的8天里，狄更斯还做了件善事。数月前，笔耕不辍的工人作家约翰·欧佛斯由于得了肺结核晚期无法治疗而逝世，留下遗孀带着6个孩子艰难度日，其中一个孩子还有残疾。狄更斯为了让他们免受冻饿，努力为亡友募集到一笔基金，并且为欧佛斯的长子争取到进入孤儿学校的名额。

帮人帮到底，为了给其他孩子一个妥善的安排，狄更斯想起了安旗拉·伯迪特·库茨小姐。库茨小姐出身名门望族，她和狄更斯一样具有人道主义理想，并且付诸行动，经常慷慨地斥巨资用于社会公益事业。早在狄更斯当记者时就结识了这位怀有强烈社会责任感的名媛淑女。在以后的岁月里，她和狄更斯在慈善事业中多次合作。库茨小姐是狄更斯财力雄厚的后台老板，而他则是库茨小姐声誉显赫的智囊人物。于是，他立马写了封信给库茨小姐，向她求援。

当狄更斯回到热那亚后不久便接到了库茨小姐的回信，信中说她已经给欧佛斯的遗孀送去了钱，将大女儿送进了学校，还安排了医生给其他孩子做了身体检查，他们一切都很好。

2. 凯瑟琳的苦恼

过完圣诞节，狄更斯带着夫人离开热那亚南下，他们来到罗马参加狂欢节，“每天两点钟，我乘坐敞篷马车出发，带着一大口袋糖、梅子以及至少500个花束，准备往人群中抛洒……每当我们遇到一个不可一世的坏家伙时，我们都用一大把非常大的糖果打中他的鼻子，这是我一生的最高成就”。

接着，他们来到卡热热，这里是著名的大理石产地。为迎接狄更斯夫妇的到来，当地的大理石工人组成了合唱队，为狄更斯夫妇热情地演唱了意大利著名的小夜曲。当夫妇俩经过比萨的时候，他们参观了古老的建筑群。而精力充沛、喜好活动的狄更斯自然不会放过攀登举世闻名的比萨斜塔的机会。

当他们到达那不勒斯时，乔治娜加入了他们的行列。于是三个人一起爬上了维苏威火山，虽然爬山的过程令人恐惧，且不乏劳累，但是他们精神上的满足和愉悦使这些都变得微不足道，他们玩得非常愉快。但是当他们再次回到罗马时，凯瑟琳便笑不出来了，因为这个时候德拉·修夫妇加入了他们的行列。

德拉·修夫妇是狄更斯夫妇在热那亚结识的朋友。德拉·修先生是位瑞士的银行家，他的太太奥古斯塔虽然娇小柔弱，却不失美丽和温雅。自从她结婚以后，便长期头痛、失眠，甚至有时出现幻觉。他们来意大利的目的就是想换个新环境，希望对身体有所裨益。在热那亚他们不期结识了心仪已久的大作家夫妇，感到十分荣幸。两对夫妇经常结伴出游彼此都觉得非常愉快。

狄更斯夫妇与德拉·修夫妇建立友谊之后，常常看到德拉·修夫人备受痉挛之苦。热情的狄更斯希望能够帮助朋友摆脱痛苦，于是对德拉·修先生说自己有某种非凡的催眠能力，很愿意在他夫人身上试一试。

狄更斯并非空谈。三十年代，法拉第将他发现的电磁感应现象公之于世，狄更斯的一些观念也因此而改变。从那时起，他开始相信人类的精神也受到一种无形磁力的支配，于是对催眠术、人体特异功能和骨相学等等产生了强烈的兴趣。为了满足自己的好奇心和求知欲，他还拜伦敦大学医学院教授约翰·艾略逊为师，学会了催眠术。就在狄更斯夫妇去美国的船上，他就曾为晕船的妻子施行过催眠术，凯瑟琳自己也承认非常灵验。

开始的时候，可能因为德拉·修夫人多年来的失眠症比较顽固，使得狄更斯的“法力”收效不大。但狄更斯坚持了一个月以后，德拉·修夫人终于可以入睡了，她的身体逐渐恢复健康，脸上也渐渐红润起来。

从此以后，不管狄更斯到意大利的什么地方，德拉·修夫妇都会跟他一起去。狄更斯每天都会抽出一些时间为她催眠。催眠的地点则总在变换，安静的花园、马路旁商店以及行驶中的车子都是他们催眠的场所。

一天晚上，德拉·修夫人的痉挛又发作了，她极度痛苦，身体也蜷缩成让人难以置信的球状。德拉·修先生赶忙把狄更斯叫了过来。狄更斯知道德拉·修夫人患这种病已经有很长时间了，而且每次发作都要持续30多个小时。他完全不知道催眠对这种病是否有用。但是半小时后，德拉·修竟然安安静静地睡着了。第二天早晨，她恢复到正常的状态。

凯瑟琳并不是对丈夫的催眠术感到怀疑，由于她自己亲身领教过丈夫的催眠功力，对丈夫的催眠术还是很认可的。但做妻子的往往具有一种敏感的天性，她们厌烦那些在感情上引起丈夫兴趣的女人所具有的特点。对凯瑟琳来说，那无疑是一段难熬的日子。她不愿看到自己的丈夫在清晨3点用催眠术弄直一个穿着睡衣的女人的身子。

在狄更斯夫妇离开热那亚之前，狄更斯与德拉·修夫妇约定，他将每天上午的9点到10点贡献出来，集中精力对德拉·修夫人施行远距离催眠术。而当他们从维苏威火山上下来回到罗马时，德拉·修夫妇竟然为了治病，专门循着他们的足迹赶来。

凯瑟琳对他们的到来感到非常不满，为了表明自己的立场，她根本就不打算再理睬他们。凯瑟琳甚至不愿听到狄更斯在家里谈论德拉·修夫人的病情，并强烈要求自己的丈夫与他们割断这种"医生"与病人的关系。但是狄更斯果断拒绝了妻子的请求，他是一个热情一旦上来便无所顾忌的人，对妻子的执拗要求置之不理。

此时，热那亚的风光再美也无法让黯然神伤的凯瑟琳释怀。所以当1846年狄更斯再次提出移居国外的建议时，凯瑟琳立刻以其少有的坚决态度表示绝不考虑去热那亚。

大约九年后，狄更斯再度访问了热那亚，而且特意去看望了德拉·修夫妇。就在那次，他给妻子写了封信，信中直接表明了对凯瑟琳的态度的不满。他说自己不同于其他男人的一个品质即是"我对任何使我着魔的念头的热烈追求"。而这种品质使他能够为她挣得地位和奢华，在信中他也解释了他对德拉·修夫人的催眠治疗。他还提醒凯瑟琳，既然她享受了前者，她也应当接受后者。

德拉·修夫人向她问好，而"你的态度相形见绌，既不和蔼可亲，又不宽宏大量——与你一点儿也不相称”。狄更斯觉得这个时候，她应该友好地给以回致。他还强调说，他并不要求她这样做，而且让她根据自己的是非感做出决定。她必须扪心自问，自我抉择。最终，凯瑟琳乖乖地服从了。

在写了这封训斥信之后不过三个月，他便看到了凯瑟琳的回应，替她向德拉·修先生转达了自己的问候，并询问德拉·修夫人是否收到了她那封“关于意大利菜肴”的信。

3. 主编与票友

1845年6月，狄更斯带着一家人离开热那亚，启程返回故土。在归途中狄更斯突然听到了一条让他振奋和激动的消息：《快乐钟声》销量惊人，两万册迅速被抢空，因此，布雷德伯里和埃文斯将付给狄更斯3倍于《圣诞欢歌》的酬金。然而，狄更斯并没有考虑立即再写本书，因为他有了新的打算。

其实，狄更斯早就想办一份独立地反映自己社会理想和艺术理想的报纸，但是因为缺少资金而无法付诸行动。现在，他想努力实现这个夙愿。于是，他找到了第一个投资人——约瑟夫·派克里顿，这是位工人出身，自学成才的铁路资本家，同时也是位富有创新精神的资产阶级激进派成员，后来他为世界博览会设计的水晶宫轰动欧洲。当狄更斯诚恳地向约瑟夫·派克里顿描绘自己的想法时，他表示十分欣赏，并愿意拿出一些资金帮助他达成心愿。这让狄更斯感到了极大的鼓舞，他决定将报纸办起来，而且要与《泰晤士报》一较高下。

狄更斯又成功地说服了布雷德伯里和埃文斯提供不足部分的资金。接下来，他开始为了网罗人才而四处奔走。他走访了一些优秀的评论家、社论撰稿人和记者，向他们描绘他新办报纸的美好前景，并许诺提供优于他们在其他报社供职所得到的酬金。狄更斯的游说使得其他报社要么失去一些优秀的人才，要么被迫通过加薪留住人才。一时间报纸杂志的老板和编辑们对狄更斯既愤怒又忧虑。

狄更斯立刻成了报界最不招人待见的人，只有那些因他的慷慨行为而获益的人与同行持不同的看法。

但狄更斯自己并不理会同行的谩骂，他坚持广纳贤才。在他的游说下，《经济学家》杂志的汤玛斯·霍吉肯森，《时事晨报》的伊尔·克茹等著名编辑和记者都被他招至麾下。他的朋友福斯特担任了专职社论作者，军事新闻、金融商业和体育等专栏都配备了最得力的编辑人员。

狄更斯的岳父霍格斯也被请到报社，由于他对音乐戏剧的评论公正且广受欢迎，所以这方面的评论都交由他负责。舅父约翰·亨利·白柔担任了副总编辑，狄更斯的朋友布莱辛顿太太负责社会奇闻报道。狄更斯还安排自己的父亲负责记者部的工作，但这种做法却遭到了同仁们强烈抨击，因为以这位长者的身份和精力而论，实在不适合坐记者部主任的位置，况且他很难适应夜班工作。

《每日新闻》的创刊号发行于1846年1月21日，狄更斯在发刊词中说《每日新闻》“意在提倡运用一切公正合理的手段纠正时弊，坚持正义，并增进社会福利”。创刊号上发表社论要求废除谷物法，为英国议会第二年正式通过废除谷物法制造了舆论。狄更斯的《意大利风光》也发表在第一期报纸上。报纸的定价为5便士，这个价格比著名的《泰晤士报》等其他舰队街上的报纸都低2便士。

《每日新闻》创办之初，狄更斯既是创办人，又任主编。这是他人生当中唯一一次尝试办报纸，事实证明，他有着非常强的组织才能和办事能力。人们不得不承认他不仅善于写作，也能够认认真真地做好其他事情。但是，时间长了，人们发现，狄更斯并不适合长期从事编务工作，因为他过于自信，在管理工作中不可避免地会染上独断的色彩。

一直配合默契的福斯特几乎在每件有争议的事情上都与狄更斯意见相左。同时，布雷德伯里和埃文斯又告诉狄更斯，有人发现狄更斯手下的一名编辑情绪很大，做事不积极，但却拒绝透露双方的名字。狄更斯经调查才发现，原来他们付给部分记者的工资低于狄更斯曾经许诺的标准。于是，他被彻底地激怒了，创刊不到3周，狄更斯便于2月9日辞去了主编的职务，并极力推荐福斯特来接替他的工作。

对于一般人来说，组织和筹备出版报纸实在是繁琐的事，仅此项工作，足以让人忙得不亦乐乎。但狄更斯并非常人，他永远都有用不完的精力去做自己感兴趣的事情。而这次，他决定尝试自己喜爱的舞台演出。他首先选择了著名古典戏剧家本·琼生的《人性各异》，这是莎士比亚曾经参加演出过的一出喜剧。狄更斯还为此征求麦克里迪的意见，但麦克里迪持反对意见，他觉得整件事情颇为幼稚。但狄更斯一旦行动起来，任何人都别想拦住。

狄更斯鼓动他的朋友来参加他的演出班子。福斯特、克鲁克香克、莱蒙、利奇、麦克莱斯、汤普森等，甚至他的两个弟弟都在他的热情号召下加入了他的业余剧团。本来麦克莱斯也想参与的，不过他天性腼腆，最终在彩排时因怯场而临阵脱逃。在这次活动中，狄更斯再一次身兼数职：组织排练，设计服装，安排布景，指导乐队，书写海报，管理剧场正门，为座位编号，此外他还兼道具管理员、舞台监督和提词员。尽管这样，他却乐在其中。

在整个过程中，狄更斯的态度让所有的人都倍感意外。不管别人出现什么差错，他都没有表现出以往的火爆脾气，反而极具耐心，让演员们受宠若惊。狄更斯又说服本不看好这项演出的麦克里迪来给演员说戏，于是，整个彩排工作热火朝天地进行着。

他们的第一场正式演出是在索赫的皇家剧院举行的。演出非常成功，得到了观众的认可，就连一向严谨的职业演员和剧院经理麦克里迪也禁不住称赞这些票友演得确实非常成功。剧中鲍贝第大尉的扮演者给人印象深刻，他就是狄更斯。

两个月后，他们以帮慈善机构筹款为目的的演出在圣詹姆斯剧院隆重举行。前来观看演出的大多是些贵族和名流，就连艾伯特王子也饶有兴致地前来观看。还有远道而来的德文郡公爵和桂冠诗人丁尼生，他们一向热心艺术活动，这样精彩的演出，自然不会错过。演出前，大作家萨克雷竟提议，希望临时加入他们，担任幕间伴唱，但他的自愿效劳遭到了婉言谢绝。

于是原班人马再次登上舞台，这次的表演似乎并不如意，麦克莱斯因为过于怯场几乎当众晕倒。不过，让他们倍感欣慰的事是，观众们对这场演出非常宽宏大量，大家耐心看完了整场演出。只有梅尔本勋爵在幕间休息时用全场足以听清的声音说："我事先知道这出戏味同嚼蜡，但它索然无味到如此地步，却实在是我始料不及的。"事实上，麦克里迪事先也犹豫过狄更斯选择琼生的这个剧本是否合适。第二年年初，狄更斯又把博蒙特和弗莱彻合写的《兄长》搬上了舞台。

4. 德国印象

1845年秋天，狄更斯的第六个孩子呱呱坠地。狄更斯给孩子们起名很有特色，除了他最大的两个孩子，一个与他同名的男孩和一个与他妻妹玛丽同名的女孩外，后面的孩子都用了他朋友的教名或姓氏：麦克里迪、兰多、杰佛里、多赛尔、丁尼生、布尔沃·利顿和西德尼·史密斯。有一个取了大小说家亨利·菲尔丁的名字。这么看来，狄更斯的子女称得上是“大名鼎鼎”了。

在给孩子起了如此显赫的姓名之后，狄更斯认为他应该从小就为孩子们创造良好的条件。但由于他经常在德文郡巷欢宴宾客，而且这么大的家庭每天都要开销，回到伦敦不到一年他发现自己又要入不敷出了。办报已经影响了他的健康，业余演出获得的收益全部都捐给了慈善事业和公益事业，票友们是分文不取的，而且狄更斯越来越觉得自己的创作能力正日益衰退。此时的狄更斯顿时感到忧心忡忡。

于是到了年底的时候，他试着向一位内阁大臣询问自己能否在伦敦谋个领薪的差事，然而答复并不令他满意。于是，狄更斯再次想到了出租房子，然后到消费水平低的国家创作一本新书以便攒一笔钱的念头。但是，圣诞节马上就要来临，大家都在期待品读狄更斯的圣诞新作。所以他于年底创作了一篇《炉边蟋蟀》作为圣诞礼物奉献给了读者们。

新的一年到来时，孩子们欢天喜地，狄更斯却要为生计发愁，他“根据以往的习惯，半夜逛到最难以想象的穷街僻巷去寻求安宁，却一无所获”。他不愿意再为报纸的事而大伤脑筋，他觉得越是在这种时刻，越需要休息和安静。于是竭极尽全力想要说服妻子再次搬去热那亚居住，但凯瑟琳坚定了立场，果断反对回到会勾起对德拉·修夫妇回忆的地方。而当他们兴高采烈地路过瑞士时，夫妇俩竟立马达成一致的意见：在日内瓦湖畔住六个月。

1846年6月11日，狄更斯率领的家庭旅居团比旅意时更为壮观，其中包括妻子凯瑟琳、乔治娜、六个孩子、四个仆人和一只小狗。他们在比利时的奥斯坦德登上欧洲大陆，再从这里乘汽船沿莱茵河逆流南行。

当船到达德国缅兹时，上来了一群德国人，其中一位德国乘客操着非常地道的英语问凯瑟琳：“我们报纸上说，贵国同胞狄更斯先生刚巧也正沿这条路线旅游，您是否在哪儿碰到过他？”凯瑟琳微微一笑，用手指了指正站在船舷边上看风景的丈夫。于是，这位旅客不禁惊讶起来，完全没有想到原来大名鼎鼎的博兹就在他眼前。

不一会儿，整条船的人都知道了赫赫有名的大作家狄更斯就在这条船上。船上立刻炸开了锅，很多旅客马上从他们的旅行袋中取出狄更斯的小说请狄更斯签名。因为之前朗费罗来欧洲旅行时已经和狄更斯说过，他的作品在德国也很受欢迎，所以狄更斯对船上的这种情形并未感到意外。

那时，他的《匹克威克外传》德译本被分成了五小册陆续在德国各地出版，小说刚发行，便一抢而光。而《博兹随笔》的德译本题目被改为《伦敦人的随笔》，也倍受德国读者的青睐，《尼古拉斯·尼克贝尔》和《奥列佛·退斯特》两部小说也刊登了出版广告。

早在1841年，一位名叫本哈德·陶乞尼兹的德国出版家就出版了狄更斯的《匹克威克外传》和《游美札记》等作品。1843年，这位热情慷慨出版的家到英国拜访了狄更斯等作家，当时虽然没有任何形式的国际版权公约，他却欣然愿意为在德国出书的英国作家付款。

狄更斯立刻被他的行为感动，因为他表现出了与美国出版商截然不同的正确理念，为了答谢他的美意，狄更斯当场提出愿意为他提供自己每本新书的初校样。就这样，狄更斯后来的每部新书在英国的出版同时，德国也可以同时出版。于是从1843年到1846年，在德国就相继出版了十种陶乞尼兹版的狄更斯作品。

狄更斯对德国人的印象和对美国人的印象也形成了强烈反差，他直言不讳地表达自己对德国人的高度评价：除了自己本民族外，他最看重和尊敬的是德国人。他甚至从德国人高度的文化修养和优秀的处事才能中得出德国是世界上优秀的民族的结论。当然，德国人也非常欣赏狄更斯，当时主编《莱茵报》的青年学者卡尔·马克思就是一位狄更斯作品的热情读者，他说狄更斯的小说丝毫没有掩盖或粉饰弗里德里希·恩格斯在《英国工人阶级的状况》里所报道的英国状况。

到1843年止，狄更斯的作品已经遍及德国、意大利、法国、荷兰和俄国等多个国家。到19世纪末和20世纪初，狄更斯的作品才慢慢传到亚洲的日本、中国等国。

5.《董贝父子》

狄更斯带着一家人乘汽船到达德国的斯特拉斯堡以后，改乘马车经过了德瑞交界的巴塞尔，然后抵达目的地瑞士的洛桑。他们在郊外的一座别墅住了下来。别墅特别敞亮，庭院中的玫瑰花枝繁叶茂，整个环境清静幽雅。别墅的名字也很特别，它是以阿尔卑斯山脉著名的高峰之一——玫瑰峰命名。让狄更斯特别满意的是，站在他的书房的窗户边，既可以俯瞰日内瓦的潋滟湖光，又可以远眺阿尔卑斯山的皑皑积雪。

洛桑附近的乡村使狄更斯不由自主地将英国联想在一起，他觉得瑞士的新教徒们具备最佳英国人的所有美德：他们干净、整洁、勤劳、可靠、乐观和独立。洛桑的街道两旁几乎全是书店，而且让狄更斯感到谢天谢地的是，僧侣和教士很少出现在街道上。

事实上，许多英国人也喜欢来洛桑旅游、寄居，因此虽说狄更斯已经离开故土，身居异国他乡，但他并没有完全与社交圈中的朋友断绝往来。在洛桑逗留期间，哈里森·安斯沃思和新婚的汤普森夫妇等人都曾是玫瑰峰别墅的座上客。更令狄更斯高兴的是，他推崇备至的大诗人丁尼生也来到玫瑰峰与他会晤。

狄更斯曾热情地挽留大诗人与他一起避暑。但丁尼生婉言谢绝了，他认为与狄更斯这种多愁善感的人朝夕相处肯定不会那么轻松。事实证明，他的选择是十分明智的。狄更斯能坚持一直礼遇同一位客人的时间也仅限于一两周内，过后，立马感到厌烦，对于他来说，他情愿接待一大批接踵而至的客人，而不是几个久住不走的常宾。

在进入秋季之前，狄更斯带着凯瑟琳和乔治娜一道游览了夏蒙尼和大圣伯纳德隘口。回去后，狄更斯异常兴奋：

“勃朗峰、夏蒙尼山谷、格莱斯海，以及做梦也难以想象的那个人间仙境的所有奇观壮景。我无法想象自然界还有比这更壮观和更雄伟的景色。如果我现在就动笔描写它，我一定会疯疯癫癫地胡言乱语一通，因为我心中翻腾着难以形容的激情。”

6月底，狄更斯又开始着手写他的新作《董贝父子》。他对这次创作做了不同于以往创作的新的要求和规划：把全书分为二十个单元发表，共六十二章，并且每一章的内容事先都加以明确，它不再是早期即兴创作的东西，而是结构严谨，艺术上精雕细琢的精品了。所以，狄更斯首先将提纲列出，并设计出主要人物的关系和命运。而书后的内容与提纲的预想完全吻合，可见，狄更斯的创作日渐严谨，其在艺术上正逐步走向纯熟。

狄更斯这时已经三十四岁，他的视野更加开阔，他不再满足于批判某人性格、品行上的缺点，而是从更深的角度挖掘支配个人行为的内在力量，他更注重社会矛盾对人物性格的影响。他要批判以董贝先生为代表的“傲慢”，这种傲慢是金钱万能的产物，而不是人的天赋禀性。

但是狄更斯这次的写作速度却不尽如人意，一则是因为他一想到除了《董贝父子》外还必须写一篇圣诞故事，心中就感到焦虑；二则是因为他在洛桑逗留时常常情绪低沉，他甚至感到自己面临着精神或肉体崩溃的严重危险。他经常想起夜间伦敦的大街和人群，“似乎它们给了我的大脑某种在它繁忙时不可或缺的东西”。

9月，经过艰难的挣扎过后，他决定先将《董贝父子》搁置一边，把所有的精力暂时先放在圣诞作品《人生的战斗》上。可是，他创作到一半时，又担心自己这样争分夺秒、全力以赴地写圣诞作品最终会影响《董贝父子》的创作。于是他又暂且放下了圣诞故事。思前想后，都没法做到圆满，顿时寝食难安，感到身体不适。狄更斯索性自己跑到了日内瓦，希望能够排解心中的忧虑和苦恼。

这座湖山环绕、风景优美的城市的确没有辜负狄更斯的期望，他的身体和心理感觉立刻转好。当他带着愉悦的心情回到洛桑后，全身似乎充满了力量，于是兴致勃勃地开始同时创作《人生的战斗》和《董贝父子》两篇小说。

《董贝父子》的第一部分于1846年10月出版。该作品广受读者喜爱，其销量竟然比《马丁·瞿述伟》还要多1．2万册。这篇小说是按月连载，直到1848年4月才结束。

狄更斯自己也特别喜欢这本书，完稿时，他向岳父表达了自己的看法："我对《董贝父子》寄有厚望，我相信多年以后人们仍将记着它，阅读它……我为它夜以继日，呕心沥血，以致一旦完稿了，心中反倒产生出一种无比异样的感觉。"正像他的其他作品一样，书中充满了唯有狄更斯才能写得出的精彩段落，同时，只有狄更斯才敢写的糟粕也比比皆是。他的妙笔令人拍案叫绝。

在《董贝父子》出版的最初十年，火车和铁路成为那时候让人感觉新奇的东西，所以狄更斯的书中经常出现关于这钢铁怪兽在乡间横冲直撞，喷烟吐雾的故事。空中烟雾弥漫，当时的精神气氛也相应地变得浑浊起来，而狄更斯——这个时代的宣传大师已经开始反映它的阴郁气氛。例如他描写了一个"堕落的妇人"，一个邪恶的人物，他将她贬入"漆黑的深夜、呼啸的狂风和倾盆的暴雨中"。

在航海文学中根本没有类似卡特尔船长的人物。他是狄更斯传达给读者安宁感的少数的几个人物之一，大概这是因为狄更斯在创作时，能够非常舒适和恬静地凝望大海的缘故吧。

6. 旅居巴黎

就在1846年11月中旬，狄更斯一家迁居巴黎的时候，在边境海关发生了一些不愉快的事情：

“他们称我们的餐具……一把匙子一把匙子、一把叉子一把叉子地称，我们在浓雾和寒霜中足足等候了三个半小时。在这段时间里，官员们干尽了各种荒唐事，并与我的勇敢的照料旅途事务的服务员争吵不休。”无疑，这在很大程度上是因为“后者执意说了许多令人吃惊和全无必要的关于我的书的谎话，而这纯粹是为了骗骗官员们从中取乐”。

狄更斯最终还是顺利抵达巴黎，住进了布赖顿旅馆，但这所旅馆却留给他很差的印象。他认为这是“世界上最荒诞不经的房子。在这世界上不可能有，并且据我所知实际上也确实没有与此相同的房子。卧室就像剧院的包厢。餐厅、楼梯和过道的布置和装饰简直令人莫名其妙。餐厅像一个山洞，室内涂着油彩（包括天花板和墙壁），画成一片树林，树杈当中却不知为什么要装着一些小镜子。客厅还算合乎常理，但是去那里要经过一连串的小房间，就像一架望远镜的接合部一样，屋里挂着不可思议的帷幕。只要材料齐备，贝德拉姆最不可救药的疯子就可能设计这样一套住房。”

刚到巴黎时，狄更斯完全找不到灵感，他在那个奇怪的旅馆连坐几小时，也写不出一句话。所幸的是，巴黎的街头和那里的人群让他兴奋，当他参观了陈尸所之后便使自己彻底地平静了下来，然后全身心投入到《人生的战斗》的创作中，并很快完稿。

在《人生的战斗》中，狄更斯讲述了一个两姐妹同时爱上一个青年男子的故事。格蕾丝和玛丽安很小就失去了母爱，姐姐一直像母亲般照顾妹妹，妹妹也深深地爱着自己的姐姐。后来，妹妹玛丽安爱上了艾尔弗雷德。姐姐格蕾丝在与艾尔弗雷德的相处中，发现自己竟也对他有爱慕之心，但是为了玛丽安她竭力掩饰自己的感情。聪明的妹妹看出了姐姐的心思，于是故意冷淡艾尔弗雷德，后来竟不辞而别，她料想自己离开后艾尔弗雷德在痛苦中必将得到姐姐的安慰，姐姐对艾尔弗雷德的感情就会像冰山一样浮出水面。天遂人愿，6年后，当玛丽安探明格蕾丝和艾尔弗雷德已经成婚，并有了一个小女儿，她才回到姐姐身边。姐姐也非常想念妹妹，她给自己的爱女起的名字就是玛丽安。

当时正是达尔文的“进化论”和马尔萨斯的“人口论”颇受人们欢迎的时代。对于人们来说，“人生的战斗”这个词再熟悉不过了，它无非是说人的一生也遵循“物竞天择，适者生存”的生物进化规律。而情人的选择又是人生中最重要的选择之一，所以情敌之间的争斗现象更是司空见惯。

狄更斯却打破常规，在他的主题里要大力倡导人类的高尚情操。在他看来，人类绝非一般生物，而是万物之灵，他们具有智慧、道德和明辨是非的能力，更有着奉献和自我牺牲的精神。他笔下的姐妹情给了读者耳目一新的感觉，发人深省。在读者中引起了不错的反响。甚至有一些剧院纷纷表示愿意将这部高唱人类美德的小说搬上戏剧舞台。

从12月5日至23日，狄更斯在伦敦为将《人生的战斗》搬上舞台而忙碌着。他发现剧团中的演员大多数都不了解它的主题，甚至不明白各自应当表演的内容，于是他把他们召集到了福斯特的寓所中，很认真地为演员们朗诵了一次。

在狄更斯的指导下，首演非常成功，它得到了观众们的一致好评，他们对狄更斯发出热烈的欢呼。当狄更斯回到巴黎时，已经听说《人生的战斗》于出版当天就售出2.3万册，而且伦敦已有17家剧院上演了根据这部小说改编的戏剧。

狄更斯一般从来都不看也不理会别人对自己作品的评论，但他碰巧读到的几篇文章里，提到了《泰晤士报》对《人生的战斗》

的评论。这篇评论非常恶毒，它不仅指责狄更斯应对年年充斥书市的“一大堆糟粕”，即那些圣诞故事负责，而且指责他写出了其中“最不堪入目的东西”。文章还教训狄更斯，要他“避免重蹈覆辙”。

狄更斯感到这篇评论是“一把钝剃刀又来戳博兹的神经了……无聊乏味至极。几乎无法工作，晚上梦到《泰晤士报》。很想去新西兰，去办一本杂志。”但这种消极情绪并没有持续多长时间。没过两天，他就又投入到《董贝父子》的创作中。

人们都非常喜欢《董贝父子》中小保罗的形象，他们并不愿意也不希望看到笼罩在小保罗身上的死亡阴影。然而，每个人物的命运都有他自身的生命逻辑，1847年1月14日夜，狄更斯决心要“谋杀”他的小保罗。

第二天，保罗的夭折立刻轰动了整个伦敦，虽然《董贝父子》并未完稿，人们饱尝着对小保罗夭折的揪心和遗憾，一致认为小保罗之死是全书中最美的地方。《笨拙》杂志的主编萨克雷不久前还在为自己刚发表的《名利场》受到好评而踌躇满志，当他看到小保罗的结局时，便将自己的得意全都抛至脑后，由衷地赞叹道：“真是举世无双之作，出类拔萃！”

杰弗里勋爵给在巴黎的狄更斯写信说：“昨晚读着它，我泪如泉涌，哭泣不止，今晨又是如此。我感到这些眼泪砂化了我的心，并对你促使我如此落泪而向你表示祝福和爱慕，我对你的祝福和爱慕深情无比。”

1月中旬过后，福斯特来到巴黎和狄更斯一起度过了两周的时光。他们不停地游览和参加社交活动。他们去凡尔赛和圣克卢，参观了卢浮宫和陈尸所，欣赏歌剧、话剧和杂耍。他们与大仲马和欧仁·苏共进晚餐，走访了夏多布里昂和维克多·雨果，并与戈蒂埃、拉马丁等人会面。对这些法国的文艺家，狄更斯尤其敬重雨果，他对福斯特说：“一看见他就知道是位天才。”狄更斯的感觉非常灵验，日后雨果果然成了法国小说的泰斗。

月底，狄更斯收到了从伦敦君主学院附中寄来的一封信，信里说他的大儿子得了猩红热，要求他们前去看望。于是他立即和凯瑟琳返回了伦敦。也就是这封信改变了狄更斯的计划，他决定缩短在巴黎的停留时间。乔治娜和其他几个孩子随后也很快回去了。

第八章 硕果累累

1. 成功演员

狄更斯一家提前返回伦敦，他们在德文郡的房子仍被人租用着，于是全家住进了摄政公园的切斯特广场1号。大儿子很快就康复了。狄更斯将这一年的大部分时间都用来写作未完成的《董贝父子》和来年的圣诞作品了。4月，凯瑟琳生下了他们的第五个儿子。早在他们的第四个孩子降生时，狄更斯就明确表示过“我的夫人绝不能再生”的愿望，他一定不愿知道，他的夫人有一天还要给他生第十个孩子呢。

狄更斯酷爱演出，他回到伦敦怀念起前几次舞台演出的风光，便找出种种理由打算再续辉煌。狄更斯和他的剧团找到的第一个借口是资助李·亨特。但他们刚刚宣布这一意图，政府就给了李·亨特发了一笔退休金。这种轻率而迅速的举动一反政府往常拖泥带水的作风，也使得狄更斯不得不赶紧另找理由。

让他们没有想到的是，亨特债台高筑，政府发的退休金完全不够，这成了狄更斯和他的剧团演出的理由。与此同时，另一名叫约翰·普尔的作家也陷入了财政困境，这又是狄更斯剧团演出的一大理由。就这样，他们于7月分别在曼彻斯特和利物浦重演了本·琼生的剧本。狄更斯如鱼得水，他甚至骄傲地说：“我常想，我当演员一定会像当作家一样成功。”

实际上，他不仅是一个天生的演员，而且还是一个出色的舞台监督。他以自己严谨的态度管理着他的剧团，并且对演员们极具耐心。当发现谁朗诵不符合剧本的要求时，他便亲自去指点，教会他们如何发音；当看到谁动作不标准时，他也会登上舞台，耐心地做给他们看，直到他们都懂得了要领为止；当有人告诉他台词难记时，他就会不厌其烦地教他们记台词的窍门；当发觉有人怯场时，他就上前开导和鼓励他们，为他们打气；如果演员过于自信，他也会提醒他们要经常做自我分析和自我批评；当全体演员准备充分，并确信“晚上演出时将会完美无缺”，他要求大家在彩排时就应做到无可挑剔。

狄更斯自已似乎永远都有用不完的精力，整个排练中没有一个错误的发音、别扭的动作或是做作的姿势逃得过他锐利的眼睛。他连续几个小时训练他的剧团，当演员们一个个都疲惫不堪时，唯独他却依旧精神抖擞。第二天早上一起床，他又精神焕发地准备再来一番测验毅力、磨炼耐心和刺激神经的训练。

1848年，狄更斯听说剧作家谢立丹·诺里斯生活很潦倒，又听传言说有人四处活动想要买下艾汶河畔斯特拉福德的莎士比亚故居。他脑子一转，迅速将两者联系在一起，希望利用这个机会，由他们演出，筹集一笔款子，设立一个莎士比亚故居管理人的职位，让诺里斯来担任。这个打算很快就泡汤了，因为没多久斯特拉福德市政当局就接管了莎士比亚故居。

虽然计划落空，但狄更斯并没有放弃为谢立丹·诺里斯捐款的打算。狄更斯带领着他的剧团在伦敦、伯明翰、爱丁堡、格拉斯哥、曼彻斯特和利物浦巡回义演，最终得到的款项大部分都捐给了谢立丹·诺里斯。这次演出，他们将莎士比亚的《温莎的风流娘儿们》搬上了舞台，由狄更斯扮演夏禄。这出戏在伦敦干草市场剧院上演时，女王和艾伯特亲王也曾亲临观看。演出总以一幕滑稽戏结束，然后演员们共进晚餐。

虽然狄更斯在整个剧团中集演员、导演和舞台监督三职于一身，忙碌于演出的整个过程，然而，让人吃惊的是，在演出完毕的晚餐中，他依旧精神饱满，而且还讲一些演出中的花絮逗得每个人都捧腹大笑。

实际上，狄更斯喜欢演出，更加享受演出的整个过程，所以在整个演出过程中，他充满了激情，忙得不亦乐乎。而一旦这些活动结束了，不得不回到平静的日常生活，他便觉得单调无聊，整天唉声叹气地说："我周身无力，真是可怜极了。"他还写信给曾扮演奎克利夫人的考登·克拉克夫人说："我讨厌家里的锅台，我渴望当一名流浪汉……在帐篷里度过了那么妙不可言的生活之后，我眼下住的这座房子简直无法忍受。"

他说："我彻底玩腻了，确实精力耗尽了。我渴望刺激。难道没有人能出个主意，让我心惊肉跳，毛骨悚然……啊，往事，多么令人难忘！"

他喜欢周游全国，也渴望巡回演出，因为"世上没有任何事情可以和见到全场向你起立，面对一张张的笑脸、一阵阵的欢呼相媲美！"狄更斯临终说，他一直希望"当一个最伟大的演员，让公众拜倒在我的脚下"。

2. "最宠爱的孩子"

1848年9月，年仅三十八岁的姐姐范妮扔下年轻的丈夫和几个孩子驾鹤西去。范妮患痨病已有一段时间了，在她生命的最后一段时间里，狄更斯常常守在她床边，两人一起回忆他们在查塔姆、罗彻斯特和科巴姆的树林中度过的童年时光。姐姐范妮是联结狄更斯青春的一根纽带，这根纽带的突然断裂，给狄更斯带来了极大的影响。也许正是范妮的死决定了他的下一部连载小说的形式。

不过在他的最后一篇圣诞故事《着魔的人》未完稿之前，他尚不敢考虑此事。为了写《着魔的人》，他又开始“游逛在挤满人群的晚间的街头上”。11月，他终于在贝斯福特旅馆中顺利地结束了整部书的创作。“三天来，我为它哭得眼睛都肿了——不过流出的不是痛苦的、而是快乐的眼泪，我希望读者们也会有同感。”

现在，他终于可以安下心来动笔实践自己的想法了。目前他构思的这部小说后来成为他的三部最佳作品之一，它就是《大卫·科波菲尔》。这部小说在很大程度上是自传性质的，但狄更斯并不希望别人看出这一点。所以，他改变了自己青少年时代居住的地点和环境，并竭力改造取自真实生活的人物，将他们戏剧化，他的目的就是无论如何不能让这些人认出自己。

狄更斯将亚茅斯区的布兰德斯通选作大卫·科波菲尔的出生地，而这个村庄名却是狄更斯1月初才刚刚知道的。当时他和莱蒙、利奇等几个朋友外出，路过一个名叫布兰德斯通的村庄，狄更斯看见了路牌上的这个村庄名，对它的读音喜爱有加，便将它记在脑中，并最终用在了小说中。

事实上，他们并没有进入村庄游览，因此真实的村庄与他书中的村庄没有任何关联，就像在作品中的亚茅斯根本不像查塔姆一样。

狄更斯沉浸在对小说的创作中，一副如痴如醉的样子。他的女儿玛米见此情状，甚至担心父亲会忘记参加自己的生日宴会。狄更斯知道了女儿的心思，特意安慰女儿道：“即使我有一个最最特殊的约会，我也要设法推托掉，以便待在家里和我的孩子们一起，快乐地庆祝这个给我带来了一个像你这么可爱的好女儿的日子。”

1849年5月，《大卫·科波菲尔》分期连载的第一期问世，最后一期截至1850年11月。虽说《董贝父子》的成功使狄更斯在经济上大为宽裕，他不需要再为钱过分担心了。但是《大卫·科波菲尔》的最初几期销量还不如以前的小说，这让狄更斯非常沮丧。

同时狄更斯还发现这部小说并非像他预料的那样好写，“我的《科波菲尔》写得我才穷技罄，昨天和今天我一事无成，我明明知道我想做什么，却只能像一辆公共马车一样缓缓爬行。”

7月份的时候，狄更斯不小心摔了一跤，伤势严重，于是影响了《大卫·科波菲尔》的写作进程。为了能使自己尽快康复，他尝试用拔火罐的方法来治疗摔伤，结果将身上烫了更多的泡。不得已的情况下，他又去了布罗德斯太尔斯的阿尔比恩尝试海风的疗效。

海风确实让他的病情大为好转，但是那段时间的一个小插曲却搅得他心烦意乱。一天，他到一家商店买纸，对面走过来一个女人要买最新一期的《大卫·科波菲尔》，店员马上将书递给她。“啊，这一期我已经读过了，我要下一期的，”她说。店员告诉她，下一期要到月底才出版。

狄更斯心头一紧，月底出版？可是她所要的那一期还只字未写呢！面对这一情景，狄更斯第一次有一种害怕的感觉。

狄更斯觉得当务之急就是找一个比布罗德斯太尔斯更安静的地方继续写作。当他写完下一期后，就去了怀特岛，在那儿进行了短暂的旅行。在怀特岛，狄更斯意外地找到了“有生以来在国内外从未见过的最美丽的地方”，它就是“温特伯恩”。通过打听，狄更斯发现它原来是自己的朋友詹姆斯·怀特牧师的产业，而且这位朋友就住在附近。

狄更斯激动地找到怀特牧师，当即将它租下。他还专门请人把庭院里的小瀑布改成了一座没有流水声的水池。这一切都办妥之后，狄更斯便奔回家去接家眷。

利奇夫妇得知狄更斯一家要搬去一个美妙的地方后，也动了心，和狄更斯一家一同搬到了温特伯恩。在开始的几周，一家人过得有滋有味，他们登山、骑马、野餐、散步、游泳等，进行各种活动，玩得不亦乐乎。只有狄更斯自己为了早日完成《大卫·科波菲尔》的创作，总是忘我地工作至凌晨两点。这样的日子过得很痛快但也很短暂。

过了来到新居的新鲜劲儿，一家人都开始觉得每天过得很无趣，竟提不起半点兴致重复之前的种种活动。狄更斯也发觉自己似乎失去了往日旺盛的精力，常常觉得“生活没有目标、动力和意义，一天到晚尽想流泪”。甚至在早晨梳头时，身体虚弱得只能坐下来梳，看书的时候也无法专注。狄更斯眼睁睁地看着自己的身体和精神正日益垮下去。他痛苦地认为，如果他一直这样过下去，用不上一年就会离开人世。

11月，狄更斯回到了伦敦，并在那里亲眼看见了曼宁斯夫妇的公开处决的现场。他看到围观者的粗俗和麻木不仁，刽子手的咒骂和凶态，这些都让狄更斯大为震惊，整个场面在他的眼里显得丑陋不堪。于是他立马写了两封信给《泰晤士报》，信中描绘了处决过程中种种让人难受和恶心的场面，并强烈要求秘密执行死刑。

狄更斯的信一公开，社会上便掀起了关于这个题目的大争论，无数的读者来信涌现了狄更斯。不过狄更斯的抗议还是产生了一些效果：他终于在有生之年亲眼看到这种卑劣的表演被废止了。

整个1850年，狄更斯都忙于写作《大卫·科波菲尔》。因为他正在写的是他自己早年的一些经历，故而写作时历历往事像梦一般呈现在他眼前，让他思绪万千。狄更斯不得不花大量的时间和精力去斟酌，然后摈弃与小说无关的情节。

在那段时间里，狄更斯常常沉浸在对往事的回忆中，几乎着了魔，甚至在他的梦里也不例外："我的梦通常是关于二十年前的事情，"1851年2月他写道，"我常常会把目前的处境与它们相混，并弄得很乱，但我二十年前的往事却清晰可见。我结婚十四年了，有九个孩子，但我不记得有哪一次梦见我有这么多责任，或者被这些亲人包围着。"

《大卫·科波菲尔》让他重温了自己的过去，因此，他在临终前不久这样说道："在我的所有的著作中，我最喜欢这一部……正如许多偏爱的父母一样，我在内心的最深处有一个得宠的孩子，他的名字就是《大卫·科波菲尔》。"

《大卫·科波菲尔》不再是一种流浪汉小说。它以一个中心故事为主干，中间又错落有致地穿插了许多与主干相连的故事，安排疏密相间。透过人物的命运，狄更斯向世人揭示了真善美与假恶丑的鲜明分别。

狄更斯的这本自传式的小说很快成了英国小说中最受欢迎的作品之一。狄更斯后来写信给麦克里迪说，"但愿《大卫·科波菲尔》能成为我所期望的一本好书，可以传诸子孙后代，一直给他们阅读"。狄更斯的这一心愿没有落空。

3. "流浪"的生活

实际上，在狄更斯的骨子里，还是比较向往那种无拘无束的流浪生活的，而且在1850年11月到1852年9月期间他的内心终于得到了满足。当时布尔沃·利顿特别想得到其选区的持有四十先令地产的人们的选票，但又不能直接用金钱贿赂他们，正当他一筹莫展的时候，突然想到一个主意，那就是请这些人到克内勃沃斯观看狄更斯剧团演出的《个性各异》。

不管那些持有四十先令地产的人们对这项安排做何感想，狄更斯听到这个消息时喜出望外，他兴奋无比，甚至因为有幸给托利党人演出而愿意投他们的票呢。他又像以前一样，一头扎进了剧团里，事无巨细，认真地为演出做准备，再次扮起了那个不知疲倦的机器人角色。他在给利顿的信上说："这种事（我想其他任何事也一样），要么不干，要干就把它当成一件大事来干，要全心全意，全力以赴。"

但是，在最开始排练的时候，凯瑟琳由于不小心掉进一扇地板门，使得脚踝扭伤得很严重。没过一会儿，还没等医生给出凯瑟琳能否继续参加演出的判断，狄更斯已经将这个角色交给了她的妹妹乔治娜来扮演了。"哦，先生，"在旁边观看他们排练的剧场木匠领班说，"戏剧界一致认为，您选择写作的职业实在是公众的一大损失。"

1850年11月，狄更斯剧团在克内勃沃斯上演了三场琼生的喜剧。1851年1月，狄更斯与沃森夫妇一起待在罗金厄姆堡，又招到一批业余演员，并为宾客和仆人们上演了两出短剧。

狄更斯还与利顿拟定了一项使他在此后的两年中颇为忙碌的计划：他们觉得应当设立一笔基金资助穷困潦倒的作家和画家。这个计划被人们称作文学艺术互助会，他们为这个计划而欢呼，尤其是狄更斯对即将面临的忙碌不仅不介意，而且很是陶醉。

利顿还将克内勃沃斯附近的一块地皮贡献了出来，他承诺会写一部喜剧，由狄更斯剧团演出，用演出获得的利润在利顿的土地上兴建房屋，设立基金。他们想，假如女王和艾伯特亲王能来观看首场演出，那么这事就更好办了，他们的计划就能更快地达成。

于是，狄更斯开始行动了，他先写信给德文郡公爵，请求他届时出借他的伦敦住所。公爵很爽快地答应了，他还告诉狄更斯说："我的仆人们，我的房屋和我的捐款悉听您的调遣。"公爵的热情和大度，让狄更斯对他产生了极大的好感，狄更斯甚至一反常态地与他一起暂住在查特斯沃斯。

接着，女王和艾伯特亲王也答应前来观看演出。于是在1851年3月中旬，狄更斯剧团再次进入了紧张的排练状态，这次他们排练的是利顿的新喜剧《人不可貌相》。狄更斯一会儿找布景画家，一会儿找木匠，一会儿又要找裁缝、机械师、鞋匠、乐师、假发师和瓦斯管理员，四处奔波，为准备工作忙成一团。"我的双腿由于在舞台上站得太久，肿胀得连长筒袜都脱不下来，"他说，"……我对所有其他人的角色都了如指掌，而把我自己的角色倒忘掉了。"

最终，他们于1851年5月16日在德文郡厅顺利地上演了这出戏，前来观看演出的都是贵族，他们买一张票要花五基尼。至于他们此举的目的是为了瞻仰维多利亚女王的风采，还是为了一睹狄更斯的尊容，那就不得而知了。同年秋天，狄更斯剧团在汉诺威广场大厅和外省许多城镇演出，这种生活一直持续到了1852年。

首场演出之后，剧团又增加了一出名为《南丁格尔先生的日记》的滑稽剧。此剧由马克·莱蒙撰写，狄更斯改编，狄更斯在剧中扮演了律师、侍者、过路人、忧郁症患者、老妇和耳聋的教堂司事等六个角色。

毋庸置疑，这出滑稽剧给了狄更斯一个显示其独特的表演才能的大好机会。正如他在生活中很少长久地保持其性格的一个方面，而是以令人眼花缭乱的速度从一个极端走到另一个极端，他在舞台上也喜欢在十几分钟内扮演十几种截然不同的角色。事实上，他是一个天生的能迅速换装扮演另一个角色的艺术家。他只需突然翻下袖口或提高衣领，就能彻底改变自己的面貌，用一些离奇古怪的表演使他的朋友们大吃一惊。

他对人观察细致入微，加上思维和行动敏捷，脸部表情丰富，嗓音灵活多变，从而能异常生动地塑造数量惊人的各类角色。他在琼生的剧中扮演鲍巴迪尔十分出色，在莎士比亚剧中扮演夏禄更是惟妙惟肖：僵硬的四肢，蹒跚的步履，颤巍巍的头部，和缺牙漏风的话语，狄更斯的表演使一个老态龙钟却又不肯服老的形象跃然台上。

在《南丁格尔先生的日记》中，狄更斯的表演最为出色。在这出剧中他多次彻底而迅速地变换自己的外貌、衣着，甚至嗓音、举止、气质和个性等等，致使观众在演出结束时才发现原来那里面的大部分角色都是由狄更斯一人扮演的，大家顿时惊得目瞪口呆。

然而狄更斯也有胜任不了的角色，那就是“一本正经”的样子。这是因为狄更斯擅长的是即兴表演，对他来说，刻意求工是件很难的事。利顿喜剧中的威尔莫特勋爵本是一个轻浮时髦的公子哥儿，在他演来却变得像一个荷兰海盗船长：死板，乏味，因循守旧，平庸陈腐，举止如同一名海军军官。

由于这是剧中几个重要的角色之一，他又不放心让别的业余演员扮演，只好自己撑着。他告诉利顿：“经验告诉我，只有靠我自己演这个角色，否则，要另外找一个人来演好威尔莫特并且使全剧浑然一体是不可能的。”

其实在狄更斯的心里，他一直还想扮演另一个角色，但最终忍痛割爱了。他曾在给读者的一封信中透露说：“即兴表演使我着迷——我说不上这其中有多少奇怪的原因，它使我感到遂心如意，所以当我失去一次表演的机会，当我不能用声音和其他手段去扮演一个与我截然不同的另一个人时，我就感到是一种莫大的损失。演一个美妙的滑稽角色，这其中的滋味真是难以言传啊。”

4. 编辑事务

自从放弃《每日新闻》后，狄更斯一直希望创办一份周刊。他希望自己创办的周刊既要有评论，又要有一些漫谈和忠告。它应该反映时代风尚，关注“社会状况的普遍改善”，尤其应该具有趣味性。

狄更斯在写作《大卫·科波菲尔》的时候仍然忘不了创办周刊的念头。小说写至一半，他便兴冲冲地写信给福斯特商量这件事。他为杂志设想了“知更鸟”、“人类”、“伙伴”、“家庭之声”等名称，但总觉得它们寓意通俗，不能让人满意。

后来，他脑子里突然闪现出莎士比亚在《亨利五世》中的一句台词：“在他的嘴里，就像家常话一样熟悉。”狄更斯灵机一动，为什么不以“家常话”命名呢？他迫不及待地将自己的想法告诉福斯特，福斯特也觉得这个名字比较中意。

由于无法忘记曾在主编《每日新闻》时总是受制于老板而产生的不愉快心情，狄更斯决定自己既要当老板又要兼主编，并持有杂志百分之五十的股份。出版商布雷德伯里和埃文斯占百分之二十五的股份，主要承担发行事宜。福斯特向狄更斯推荐曾在《每日新闻》任秘书的威廉·亨利·维尔斯担任副主编，事实证明，由认真负责、勤勉工作的维尔斯来协助狄更斯确是一个正确的选择。

大家也许会认为，狄更斯既要写小说，同时他又兼任舞台监督、演员和记者，而且他还是一个有家庭妻室的人，那么他肯定会在开始那段时间的激情勃发之后苦于时间不足，而将杂志的编辑工作完全扔给他的助手。

实际上，狄更斯从没这样想，他仍旧坚持每一期都事必躬亲。不论在家里还是出门在外，他都将杂志的事装在心里。他还给威尔斯写了大量指示，细致地对呈交他决断的文章和小说详加批阅，或是退稿，或是录用，或是修改。

狄更斯对这份杂志做出了一条非常严格的规定：不准用真名发表作品。读者们看完杂志在心里常常会有一个疑问：为什么这么多的文章都感觉像是狄更斯写的。这是因为大多数的来稿都经过了这位编辑的精心修改。为了给撰稿人写信作解释、提建议，狄更斯所花的时间也许和大多数编辑花在社论上的时间不相上下。

但是，有些撰稿人看到自己的作品被删改或润色过，便感到很不高兴，甚至非常愤怒。盖斯凯尔夫人曾在《家常话》上连载自己的作品《克兰弗德》，狄更斯以他一贯的作风用蓝笔对部分情节做了删改。对此，盖斯凯尔夫人非常生气，特意找狄更斯讨个说法。虽然狄更斯总是比较固执，但由于他付起稿酬来又快又大方，所以人们因自尊心受到刺伤而激起的愤怒也就很快烟消云散了。

狄更斯办刊物的原则是“让它鲜明透亮起来”。他讨厌“百科全书式的酸文章”，所以他对作者的要求一直都强调要言之有物，言之有据。他告诫作者每一篇文章都应该写得生动有趣，引人入胜。他在外地时曾给维尔斯写信说，不管一件事情写得如何睿智，如何深奥，如何真实，除非对读者具有吸引力，否则还不如不写，“杂志要办得活泼、活泼、再活泼”。

《家常话》办起来后，狄更斯又在杂志社为自己的父亲和岳父谋得一份差事。而对于狄更斯来说，发现乔治·奥古斯塔斯·萨拉的才华是一件让他非常振奋的事。萨拉通过在《家常话》上发表文章，显示出了优秀的写作水平，从此声名大振，很快成了那里的著名人物。

虽然在人们的眼中，狄更斯经常感情用事，但大家也不得不承认他将《家常话》管理得井井有条。他鼓励在刊物上披露社会弊病，但绝不允许刊登私人丑闻。有一次，有人寄来一篇评论沃特·泰勒的文章，狄更斯便立刻写信给这位撰稿人说："敬请勿向读者介绍你感到有半点不雅的东西，斯卡特菲奇太太尽可以在大庭广众之下赤身露体——我不怀疑她会这样做，但要把此事公诸十九世纪的名媛淑女，我感到十分遗憾。"

当然，《家常话》在政治方面的倾向是进步的，甚至可以说是激进的。狄更斯曾在发刊词中说，工人的命运绝不是注定只能在旋转的机轮下过悲惨的奴隶生活；工人们完全有权组织工会，行使他们的政治权利，甚至可以把那些无所作为、无才无德的人赶出首相府。毋庸置疑，《家常话》取得了积极的社会效果，甚至直接推动了伦敦的医疗卫生事业的发展和住宅建设。在它的舆论影响和监督下，政府还积极改进了供水系统和排污设施，使普通百姓的生活得以改善。

虽然狄更斯经营和管理这份杂志的态度非常严肃，但是，他有时候来了兴致，也会忍不住开开玩笑。有一次开编委会的时间到了，却只有狄更斯和另一个成员约翰·鲁滨逊到会。鲁滨逊很清楚狄更斯公事公办的脾气，他估计到狄更斯会坚持照例开会，因此感到非常慌张。他和狄更斯议论了一会儿新闻，突然狄更斯一分钟时间也不差地问道："你同意我当会议主席吗？"鲁滨逊紧张得不知所措，竟然大着胆子略带几分玩笑地说，他信任狄更斯可以维持大规模集会的秩序。

于是狄更斯开始主持会议，首先宣读上次会议的记录，接着讨论提交本次会议审议的各项决议，又以提议者、附议者和主席的资格提出建议，然后展开了讨论。讨论偶尔还要被鲁滨逊、狄更斯自己和未到会的成员——狄更斯惟妙惟肖地模仿了福斯特、威尔斯、布雷德伯里、埃文斯等人的说话腔调——所打断，而在每一项决议通过之后，它们就被一本正经地记录在案。

狄更斯起初不愿意将连载文学作品放在刊物上，但是为了避免刊物印数的下降，他们从第二年开始也刊登一些文学作品。从那以后，《家常话》还吸引了一些小说家在上面发表作品，比如伊丽莎白·盖斯凯尔夫人、珀西·菲茨杰拉德、柯林斯等，他们的成长和《家常话》的帮助与扶持是分不开的。

由于狄更斯一直对科学方面存有浓厚的兴趣，所以在他的刊物上刊有许多介绍新的发明创造的文章。当法拉第告诉狄更斯自己刚研制了一种新式的化学灭火机时，狄更斯便立刻为他开辟专栏，详细介绍该灭火机的作用原理和使用方法。刊物还对大众关心的问题提供详尽可靠的咨询，比如向澳大利亚移民的问题等等，所以狄更斯的杂志在郊区比在伦敦西部的贵族居住区更加受人欢迎。杂志的销量一般稳定在3.5万份左右。

5. 双重打击

《家常话》旗开得胜，狄更斯在1850年年底完成《大卫·科波菲尔》之后对杂志更为关心。不过1851年的好些时间却都是花在串演利顿的喜剧、发表演说和操心私事上面的。

凯瑟琳在第三个女儿朵拉降世以后就卧床不起，小朵拉的身体也一直很虚弱。有一段时间母女俩甚至病得奄奄一息，狄更斯被吓坏了。然而朵拉终于康复，凯瑟琳也一天比一天好了起来，她甚至能够在1851年3月搬到马尔文去住。

但是，大病初愈的凯瑟琳精神状态非常不稳定。狄更斯告诉一个医生，说为她治病时要“特别小心”，因为“即使住在最好的一些朋友的乡间寓所里”，她的行为动作也显得有些奇怪。他们下榻在马尔文的克纳莰福特旅馆，狄更斯在此后很长一段时间里频繁往来于伦敦和马尔文之间，在特别快车上花去了不少时间。

后来，狄更斯为麦克里迪安排了告别演出，并为他组织了一场欢送宴会，然后他便将精力投入到排演利顿的剧本中，并为《家常话》撰稿。此时，他的父亲约翰·狄更斯却病倒了，家人心慌意乱地将他送到医院。原来，老人一直患有膀胱疾病，但他从未告诉过他人。医生建议不使用麻醉药进行手术，因为这是唯一救命的机会。家人同意了，狄更斯称这个手术为“外科上最可怕的手术”。

“他以惊人的毅力挺了过来。手术完毕后我马上去看他，只见手术间活像一所血迹斑斑的屠宰场。他快活、勇敢得令人惊奇……我却惊慌得不知所措，打算去给他张罗各种必需品。我写字的时候手颤抖不已，字都写不清了……这一切历历如在眼前，于是我感到自己仿佛被一根大头铅棒击中了。”

3月31日，六十五岁的约翰·狄更斯去世了，他被安葬在高门公墓。狄更斯对他父亲一直推崇备至。他在父亲的墓碑上写下墓志铭，对父亲“热诚的、实际的、愉快的精神”大加赞颂。“我越活得长久，就越觉得他好”，这句赞语是发自肺腑的。

父亲的离世让狄更斯极为焦虑，手头还有大量的工作等待他完成，这些搅得他连续几夜无法入睡。狄更斯便独自到街头徘徊，直至第二天清晨，然而迎来的却是更多的焦虑和工作。

五个月大的朵拉也生病了。狄更斯守护在她的身边，度过了不少时日。4月14日晚上，他是直接从女儿的床边去主持戏剧基金总会的宴会的。狄更斯发表讲话前一个半小时便传来了朵拉夭折的消息，但福斯特一直等到他离席时才敢将这个噩耗告诉他。

马克·莱蒙陪着狄更斯一起守夜。第二天凌晨，福斯特便带着狄更斯给凯瑟琳的一封信前往马尔文。此时凯瑟琳的病情也愈发严重了，她已经不会连贯地思维，而且不经意间就会歇斯底里发作一通。狄更斯在信的开头说道："注意，你必须十分缓慢和小心地读这封信。"他告诉凯瑟琳，朵拉的病非常严重。

"注意！我不会骗你，"他说道，尽管这封信从头到尾都是谎言，但鉴于凯瑟琳当时的健康状况，撒谎是必要的。信接着说："我认为她病得很厉害……我想——我对你，我亲爱的，为什么要讲另外一种话呢——我想她多半不会好了。"

他告诉凯瑟琳说，福斯特会把她接回家，接着在结尾处说，他在结束此信之前必须"最热烈地恳求和命令你回家时要十分镇静——记住我常对你说的话：既然我们有这许多孩子，我们就绝不可能避免其他那些父母所忍受过的痛苦。而如果……如果你在回到家里，当我不得不对你说，'我们的小宝宝死了'的话时，你得对余下的几个孩子负起责任来，显示出你是值得受到他们莫大的信任的。"

面对痛失幼女的打击，凯瑟琳反应还算沉着，她的丈夫说，她"心平气和，我希望这不会使她感到痛苦。"朵拉在她祖父去世后两个星期，也被安葬在高门公墓。

父亲和孩子的接连离去把狄更斯搅得心烦意乱，他不得不延期举行《貌恶心善》的首场演出。这样一来，女王、亲王、公爵、公爵夫人们以及所有其他权贵也都只好相应地调整他们的安排。

尽管狄更斯那年春天诸事冗繁，从早到晚没有半点空闲，但他还是设法“以各种借口”带凯瑟琳到处走走，希望能够通过环境的变化和运动来改善她的精神。这一年的5月到10月，他租下了布罗德斯太尔斯的堡垒式宅第。

他的朋友们像往常一样都去堡垒式宅第造访，并在那儿小住。这其中也有他未来的传记作者：“福斯特到这儿来了，但在对布罗德斯太尔斯的所有人都讨好一番之后又走了，汤姆·科林斯由此深信他（福斯特）游泳时还会向大海大献殷勤。”

第九章　冷眼看世界

1. 新巢

1851年的夏天，狄更斯一家人居住在布罗德斯太尔斯。一些声音使那个地方失去了往日的安宁，让狄更斯感到十分烦恼。“除非下着雨，我写不上半个小时，总有那种最使人难以忍受的风琴声、提琴声、铃声或无伴奏多部重唱声纷纷传进来。”为了让自己听到较低的噪音，狄更斯不得不紧闭门窗，然后躲在屋内写杂志上的文章，有时甚至逃离住所到其他安静的地方。

当时，伦敦的海德公园正在举办“世界工业进步博览会”。这使得狄更斯更加想要离开伦敦。因为他一直对这种博览会“有一种模糊的、无法解释的下意识的反感”，他觉得观看它只会让自己失望和扫兴。

他是这样描绘曾经参观了博览会后的体会的：“我本来就厌恶观看五花八门的东西，而这么多五花八门的东西放在一起，更使我厌恶……作违心之论是可怕的，但当有人问我‘你看过……吗？’时，我却言不由衷地答道‘看过了’，因为我知道如果我作否定回答的话，他们就会大加解释，而对此我实在难以忍受。”

临近秋天的时候，狄更斯居住的德文郡巷1号的房屋租期将满，于是他选择了位于塔维斯托克广场的塔维斯托克宅第，准备入秋便搬进去。所以在整个夏天狄更斯都在十分兴奋地忙着改造和装饰他的新住所。他殚精竭虑，事必躬亲，那种劳碌的样子总让人们觉得他比日理万机的首相还要忙。

狄更斯非常重视这次乔迁，他的小妹夫公共卫生专家亨利·奥斯丁也为此出了力，他亲自在现场指导房屋的修理。但是那些工人的工作却让狄更斯相当恼火，他在给小妹夫的一封信中表示出对英国工人的磨蹭劲儿的愤怒：“我在梦中都一直不断地在这房子里跑上跑下，并被那些工人绊得东倒西歪，”并且说，“当我听到他们去吃饭时，我就变得垂头丧气，当我想到他们星期天全都不来上班时，我感到沮丧。午饭的肉汁汤里我尝到一股骨胶味儿。在海里我闻到了油漆味。鬼影般的石灰成天陪伴着我。我梦见我是一个木匠，但怎么也不能把大厅隔开来。我经常在客厅里（与一群显要人物一起）跳舞，并因为餐厅里缺少一根柱子而跌倒了……我夜夜都梦见这些工人，他们向我做着鬼脸，却什么都不干。”

一个月过后，他又写道：“哦！假如能一直保持下去就好了。我完全沉浸在一本新的小说的酝酿之中，故事情节已经在我的脑子里打转，但是这些工人啊，蠢事啊，又在脑海里浮现。有了写作的冲劲，但要写又无能为力……唉！我应该离开——唉！”

狄更斯还为自己的新居绘制了一张花园的平面图，并明确地向花园工匠们表示要移栽树木，并给小径排水。除此之外，他还要求对费用作个评估，目的是想知道“你做完这项工作所需的最长时间；守时和迅速是我办理一切事情的必定依据和首要条件……我把这两点看得至关重要，所以我认为有必要把它们作为我订立合同的主要条款，而你必须牢记在心。”

除此之外，他还向工人们提出了一个奇特的想法：他列出了一些并不存在的书籍，如《中世纪史》六卷、《摩西父子》两卷、《乔纳捕鲸记》、《瞌睡虫乌有回忆录》、《议会记事录——催眠指南》等，让工人们将它们做成真书的样子固定在书架上。

狄更斯这样做就是想看到这个滑稽的场景：当客人看到这些没有读过而具吸引力的书时，一定会尝试抽取出来看看，结果发现这只是一场恶作剧而引得大家发笑。

1851年10月底，狄更斯跟亨利·奥斯丁说，虽然那些工人们工作态度非常差劲：木匠们做事心不在焉，油漆匠们边吹口哨边刷漆，爱尔兰小工更是吵吵闹闹，裱糊匠时而呆坐时而东张西望，就连铺地毯的工人竟然能在梯毯夹条上敲打出曲调，不过房屋的修建还是让人看到了一定的进展。

11月初，狄更斯一家终于搬进了收拾停当的新房子里。12月底，狄更斯写完他的新作《荒凉山庄》的第一卷，并在1852年3月改卷后发表，其余各卷逐月连载，但是一直到1853年9月，此书的销量却只达到《大卫·科波菲尔》的一半。

2. 荒凉山庄

1851年8月，狄更斯在布罗德斯太尔斯开始了《荒凉山庄》的创作，此时的他内心无法平静下来，他感觉到内心的骚动比以往更加强烈。他在考虑此书的主题时曾描述过这种感觉：“剧烈的不安，以及我不知要去哪儿和为什么要去的模糊思想是目下的混乱症状。”接着写道：“我真想整理好皮箱一走了之……跑到瑞士的山区去，只身前往！我仍然为极度的不安所苦，如果过几天某个早晨我将从勃朗峰下写封信给你，也无须为之惊奇。我一次又一次地伏案苦思这部新的小说，随着这部小说初具轮廓，一种苦恼，一种只要不在这里，无论到哪儿去都行的欲求……攫住了我。看来非得离开此地不可了。”

后来有一段时间他忙于处理塔维斯托克宅第的事而将《荒凉山

庄》暂且搁置在一边，而当他住进去后就立马进入了工作状态。他说“我对《荒凉山庄》如痴如醉，每天清晨五点即起，奋笔疾书，到中午时分知觉都麻木了。”

期间，德文郡公爵曾邀请他到查茨华斯小住两天，然而他实在放不下笔只好委婉地拒绝了。之后又有好几个诱人的邀请，他都没有放在心里：“认真地说，当我撰写一本书的时候，我必定把它放在我生活的首位，专心致志，心无旁骛，这是我长期从事写作中悟得的经验。我心甘情愿地放弃与人交往应酬的快乐而在个人的苦想冥思的创作中得到满足……还是让被我虚构出来的那些朋友去筵席的首席就座吧。”

在书中哈罗德·斯金博尔这个人物身上，狄更斯作了与他的朋友李·亨特非常吻合的可爱的描绘，但也不乏一些不利的描写。狄更斯这样将一个相处甚密的朋友的形象毫无保留地搬到自己的小说中，不免招人指责。但是，不可否认的是，任何一个大作家都会遭到同时代人这样或那样的指责而被称为不得体。

当李·亨特看到狄更斯的小说，并发现斯金博尔的状况竟然和自己非常相似时，他便开始对这个大作家口出怨言了。狄更斯及时地接受了福斯特的劝告，开始将那种描写的调子大大降低。面对朋友的质问，他首先极力为自己解释，说亨特和斯金博尔完全不是同一个人，然后非常坦率地承认自己有误，并深感遗憾。当他发现亨特似乎有反复不断地诉苦的趋势，便刻意避开他。

后来在1855年，亨特邀请狄更斯到家里做客，狄更斯答应了，“但我希望你不要再对我重提那件不愉快的往事。”亨特死后，狄更斯还在他的杂志里向读者担保，说亨特和斯金博尔之间的相像仅仅只在于两人的举止言谈。虽然人们一直觉得那是个弥天大谎，但狄更斯的这种做法无疑是得体的。

而实际上，狄更斯确实将亨特的人生哲学看得非常透彻，换言之，他完全抓住了亨特对其自身态度的实质，然后以自己高超的笔法，将一个汲汲钻营的利己主义者和享乐主义者的形象毫无保留地树立在了人们面前。

在《荒凉山庄》中，李·亨特并不是唯一有名的同时代人。事实上，波依桑便是狄更斯对沃尔特·萨维奇·兰多的友好写照，对于兰多本人是否接受这种友好，狄更斯不知道，但他本意是好的。然而，兰多似乎对这种方式并不热情。事实上，很少有人把自己看作滑稽人物，至于因自己荒唐事儿在一本书上被展览出来而感到高兴的就更鲜有其人了。

也许狄更斯的这种做法让兰多也觉得很不得体，所以从那时起，他们的关系发生着微妙的变化，尽管两人表面上交情如旧，但当兰多再提起狄更斯来时，嘴里便开始有些微词了。

狄更斯在《荒凉山庄》的创作过程中，描写伦敦场景时竟多了一些烦闷压迫感觉。由于英国工业的迅猛发展，工厂和机车的烟尘铺天盖地，使大气由于烟雾而浑浊晦暗。这无疑让狄更斯感到厌恶，他甚至厌恶起这个一直为他提供灵感的地方。

“我真诚地相信，伦敦是一个讨厌的地方，”他在1851年写道，“自从我在国外住过之后，我再也不喜欢它了。现在每当我从乡下回来，看到巨大而沉重的天空沉沉地压在屋顶之上，就感到若不是责无旁贷，哪有必要去那儿做事情。”

在《荒凉山庄》一书中，大法官法庭和大雾一样都成了一种特征。狄更斯对法庭的无情披露，不免遭到这一行业的反驳和攻击。其中，狄更斯的老朋友，前审判长登曼勋爵尤为愤怒，他专门针对这部作品写了一系列的文章试图批驳狄更斯。

与此同时，许多学问精深的律师也担心生计受到危害而公开地发表自己的意见，说这完全是对事实的可怕的歪曲。然而，狄更斯的这部小说还是起到了实质性效果：《荒凉山庄》出版后不久，大法官法庭的诉讼程序便做了一定的改革。

在《荒凉山庄》中，狄更斯更加肆无忌惮地卖弄着他的才华，同时也大量地放进许多昏话。他将哈罗德·斯金博尔这个人物刻画得尤其突出和鲜亮，书中涉及的其他人物各异，足有一打以上的人物肖像可以陈列在国家美术馆里。

1852年7月，狄更斯再次前往海滨避暑。与以往不同的是，这次他与家人一起住在多佛的康登蛾眉月街10号，一直住到了10月份。他说“这个城市过于扭曲（我指的是音乐方面，而不是它的腿），但大海非常秀丽，人行道十分出色。有两条道路通往福克斯通，两条路都极可爱，令人赏心悦目。周围山丘起伏，绿草如茵、阡陌纵横，我简直不知说什么好。”

狄更斯在写作的过程中，似乎已形成了这样一种规律：他每次开始写一部小说的新的一期时，总会作几次长时间的散步：“今天是我称之为开始工作前的徘徊日。我似乎总是在这样的时间里寻找着未曾在生活中找到过的东西，这种东西也许几千年后能找到，而且是在另一个世界的另一个地方。”

他在多佛的时候，有三个朋友相继离世：罗金厄姆堡的沃森、道赛和麦克里迪太太。生活对他来说仿佛是一片战场，他甚至怀疑，它是否是一场梦？而死亡却是梦的苏醒？生活自然是够奇妙的了：“我好像对所有疯人都有着吸引力，他们总是把我当作心腹。苏格兰一个女人留给我如此一大笔想象中的财产，靠着它我似乎可以消消停停地过日子。”

八九月的时候，狄更斯带着他的剧团访问了苏格兰北部，他们顺利地表演了利顿的剧本，并且为文学社募集了不少钱。在曼彻斯特，剧团在自由商会大厅里演出，观众竟达四千人之多。

10月份，为了证实布隆涅这个城镇是否适合一家人今后度假避暑，狄更斯和凯瑟琳以及乔治娜在那里的贝恩旅社居住了两星期，他们非常喜欢那个地方，于是迫切地作了第二年夏天在那儿居住的安排后才回家。

3. 度假旅行

当《荒凉山庄》的写作接近尾声的时候，不幸突然降临在了狄更斯身上，那就是他自幼的旧病肾脏病发作了，导致他6天卧床无法起身，这是从来都没有出现过的情况。他所住的寓所虽然在离塔维斯托克广场不远的僻静处，但却有许多狗在那里狂吠，打破了那里的寂静，使得病中的狄更斯更加难受。于是，他在外面租了一支气枪，装上小霰弹乱打一气，终于使得四周再次变得寂静无声。

可是日子没有安宁多久，又发生一件事，让狄更斯苦恼不已，他在给一个邻居的信中这样写道："今天上午我看到你的面包师傅在使用我们通向广场的大门旁的墙角，目的是为了干他的那种私事——就在我的窗下，真是非常讨厌，我们都感到很不舒服。我和他谈过这件事情，并告诉他，我知道你是不会准许干这种事的。他十分无礼，于是我通知他，说我将让你知悉此事，还说为了我们大家的利益，如果我看到他再犯，就根据治安法令把他送到拘留所去。他听了急忙问我，假如'我处于他的地位'将表现如何，对这个想入非非的问题，我不屑一答。"

为了给自己营造一个舒适的环境，狄更斯不顾家人和朋友的劝阻，毅然决定到法国继续完成他的创作。而事实证明他的选择是对的，他到了布隆涅以后，心情非常愉悦，身体恢复得也快。于是他兴奋地写信给伦敦的朋友大谈布隆涅的花园怎样壮观，房东怎样古怪，气候怎样宜人，环境怎样美妙，最后，还提出了自己的建议：为了他们自己的缘故，为了他的缘故，为了一切的缘故，他们应该和他待在一起。

他在给威尔基·柯林斯的信中还说："如果你有什么事要干，这儿就是干这事的地方。而如果你没有事要干，这里也是不干事的理想去处。"柯林斯是1851年初狄更斯经画家奥古斯特·埃格介绍，并在义演利顿的喜剧中认识的，在之后的相处里，他们建立了深厚的友情。柯林斯甚至一度曾经取代了福斯特在狄更斯身边的位置。

在狄更斯充满激情、妙笔生花的描述下，柯林斯、利奇夫妇、福斯特、玛丽·博伊尔动心了，他们横渡英吉利海峡，前来与狄更斯相聚。当时的狄更斯事务缠身：他正在写《荒凉山庄》的结尾，同时又要处理《家常话》的事务，还要口述《英国历史的儿童读本》。尽管如此，这个精力充沛的人还是设法陪他们一起游览了很多地方。

就在狄更斯几乎同时完成了两本书之后，他决定离家休息一段时间，此时陪同他的是奥古斯特·埃格和威尔基·柯林斯。临行之前，他还得先去伦敦参加由福斯特担任主席的一个宴会。当时，福斯特已经开始对狄更斯与威尔斯和柯林斯交好一事表示不满，他带着情绪主持的宴会自然不能令人满意。狄更斯回家后跟妻子说，要不是有福斯特"这个非常不愉快和不安定的主持人"，宴会就十全十美了。

这一行人于10月初动身去瑞士，在洛桑狄更斯拜访了他的一些老朋友。之后他们继续踏上旅行的征程，一到达查姆涅克斯，他们就在那儿的郎德莱旅社订下了三间浴室。“生起了一只可怕的炉子，浓烟滚滚，弥漫整个山谷”。也许是他们没有正确的使炉子通风或燃料加进去的方法不对等，总之，他们准备了六个小时却最终也没能洗上澡。

在旅行刚开始的时候，狄更斯很惊喜地发现柯林斯这个人“为人宽厚，不会因鸡毛蒜皮的小事而生气——这两点是极好的、必要的”；接着，又觉得他“什么都吃，什么都喝，到哪儿都和人家相处得很好，兴致总是很高”。

但当他们到达查姆涅克斯，这伙旅行者便慢慢表现出了一些令人不愉快的方面：“埃格有时会提出一些过分奢侈的要求，这种要求即使在巴黎也未必能满足得了，而柯林斯有时不大乐于助人……”柯林斯的习惯——尤其是他早晨要大吐唾沫，而睡觉时打起鼾来使得朋友们非常不舒服——如此详尽地被记录下来，他自己一定会非常惊奇。

最让狄更斯难以忍受的是，柯林斯和埃格两人都对自己长长的髭须洋洋自得，“它们更加猥琐，更加可笑，更加稀疏和蓬松，更加凌乱和错杂，七扯八牵，更加长得不是地方，触到了鼻子，布满了下巴，我以为自大洪水以来还没有过这种髭须。”

和所有的人一样，狄更斯刚与妻子分离，便万分想念。离家刚刚十天，他便写信告诉妻子：“我真是十二万分地想看到你。”离家一个月的时候，他写道：“我将愉快地回转家门，拥抱你——因为我自然是非常想念你的。”

他对待两位男性朋友无法像对妻子那样随心所欲，他的朋友无法理解他的想法：为何要放弃上床睡觉的权利而陪着他连夜赶路。他们一致反对在不休息的情况下连夜赶路，而且坚决拒绝走狄更斯提议的路线。

虽说出现了点分歧，但他们还是相处得十分融洽，三个人最终高高兴兴地坐着车子前进，那几辆车子“像秋千，像舟船，像诺亚方舟，像游艇，又像一张巨大的床架。”他们越过辛普隆山隘，经过米兰抵达热那亚。再次回到那里，狄更斯拜访了他在当地的所有熟人，其中当然也包括德拉·修夫妇。

之后，他们选择了走海路到达那不勒斯——“地球上最讨厌的地方”，那儿比瑞士更需要洗热水浴，也更容易得到热水浴：“那不勒斯的肥皂泡沫沾满了我的全身，擦背呀，剪指甲呀，修脚呀，在我身上施行了各种各样不寻常的手术。他（澡堂师傅）明显地大失所望，也同样大为惊奇，因为他没有发现我身上有多少污垢，于是常常突然小声地喊道：‘天哪，这个英国人多么干净！’”

接着他们到罗马游玩，之后又去了弗罗伦萨。曾当过画家的柯林斯在那儿异常兴奋。狄更斯承认说：“美术是我从未涉猎过的课题，当讨论到它时，我便似坠五里雾中。我也从未和他们一起去美术馆，但是看看柯林斯煞有介事地对埃格口若悬河、高谈阔论的模样——他大谈什么红的啦、绿的啦，什么一些东西和另一些东西‘调和’啦，什么线条画错啦，线条对劲啦，倒是有趣至极，那副模样是任何漫画所不及的。我永远也忘不了它。”

直到12月中旬，狄更斯才返回塔维斯托克宅第。

1853年年底，狄更斯一直沉浸在众人的喝彩声中。他为伯明翰学院和中部学院筹款而在伯明翰市政厅举行了公开的朗诵会：12月27日朗诵《圣诞欢歌》，29日朗诵《炉边蟋蟀》，然后根据他自己的愿望，在30日再次朗诵《圣诞欢歌》，听众对象是男女工人，每人只收六便士。而去听这几次朗诵会的人数竟达到六千人次，现场群情激动，朗诵达到了很好的效果，使得全国好多慈善组织都纷纷邀请他再去朗诵这几篇故事。

对于一个生来就具有演员气质的人来说，实在无法抵制这种诱惑，狄更斯后来终于实现了自己的夙愿，但就在他实现自己夙愿的同时，他毁掉了自己。

4. 感情用事的史学家

狄更斯在创作《荒凉山庄》的同时，还向乔治娜口述那唯一一部他没有亲手去写的书《英国历史的儿童读本》。实际上，早在十年前他便想过写类似的题材，那时只是想通过这部书来劝阻他的长子成为高教会派，或在政治上成为托利党人，意在警告他别去当不该当的英雄，并且向他灌输厌恶战争的思想。

狄更斯通过《巴纳比·拉奇》中哈雷台尔之口将寄寓在整本《儿童读本》里的教诲说了出来："但愿没有人以冠冕堂皇的理由，为了所谓的高尚的目的，而不讲信誉，背离正道。凡是高尚的目的都可以通过高尚的手段达到。如果无法达到，那就说明这些目的并不高尚。"

可是狄更斯所采用的训诫方式未免失之偏颇："啊，征服者，"他向威廉一世喊道，"如今多少伟人为你感到骄傲，而当初又有多少伟人把你看得一文不值。征服一颗真正的心胜过征服整个英国。"他对人物性格的总结也不够确切，例如他说到约翰王："即使把全英国从东到西从南到北找遍，我想也找不出一个更卑鄙的懦夫，更可恶的坏蛋来加冕当国王。"

即使在约翰王驾崩的时候，狄更斯也没有宽恕他："在10月18

日，他四十九岁那年，在他罪恶地统治了十七年之后，这只可恶的畜生恶贯满盈了。”狄更斯也不看好他的继承人亨利三世：“国王现在很苦恼，我们几乎要觉得他可怜，但是要可怜一个如此卑鄙、如此可笑的国王是办不到的。”

他对罗马教皇也存在着诸多不满。他写道：“当时有两个教皇（好像有了一个还不够似的！）”，他说其中一个教皇“处心积虑，唯恐天下不乱”。但是他并不因为对教皇持这样的态度而对亨利八世这个“心爱的流氓”有好感：“我斗胆直言，称他为古今天下第一号令人讨厌的恶棍。”他还给他加上“卑鄙自私的懦夫”、“丧家犬”、“皇家猪”、“人类的耻辱，英国历史上的污垢血迹”等等尊称。在维多利亚时代，对亨利八世的一般评价并非如此。

对亨利八世的女儿玛丽，狄更斯比较迎合大众的看法：“这个女子以血腥女王玛丽闻名，全英国将永远怀着恐惧和厌恶的心理回忆起她这位血腥女王……她统治的结果是刑柱林立，杀人如麻，除此而外别无可称道之处。”

狄更斯觉得与都铎王朝相比，斯图亚特王朝并没有得到很大的改进。他直接写詹姆士一世是“猪猡陛下在位就像瘟神，人人受到感染”。而他的孙子，查理二世是个“放荡的犹大”，“他不止有一个头，而有十个会寻欢作乐的头……只配被刀斧手一一砍落。”

从他的那些言辞不难看出狄更斯太感情用事，所以他无法成为一个优秀的史学家。许多与他同时代的人也都认为他在改革事业上过于感情用事。但是他天性便是如此，他一看见缺乏人道、缺乏公正之类的事情，根本不思考和分析事情的成因，便一棒子打死，心急如焚地给以揭露和抨击。

他的这种天性尤其在他对社会问题的态度上暴露无遗。而他自己却并没有意识到他的这种态度与卡莱尔的迥然不同，尽管卡莱尔是那个时代中他最敬仰和欣赏的一个人。他们一起进餐的时候，狄更斯对卡莱尔恭顺、爱戴，喜爱之情溢于言表，就像当年大卫·加里克对待约翰逊博士一样，而卡莱尔受之泰然，也像约翰逊一样。

事实上，狄更斯可要比加里克伟大得多，仅仅作为一个演员，他也比加里克强。而卡莱尔却是个冒牌的约翰逊，因为自从狄更斯成了一名鼎鼎有名的大作家以后，他的内心便充满嫉妒，但又不好发作，所以一直假装不在乎。

加里克在《说古道今》一书中说到盎格鲁·撒克逊族圣·埃德蒙被丹麦人杀害（实无其事）时，竟没能掩饰住自己的妒意，用轻蔑的笔调硬跟狄更斯的美国之行扯到一起："哦！全美国点起熊熊火炬，对一位小小的'小说名家'纷纷宴请，高声欢呼，因为感到他虽然小，还多少有点什么。那么，当时全英国应当怎么对待一位献身的英雄，一位伟大的天之骄子呢！"

狄更斯一定看到了这种轻蔑的言语，并且也一定感到很难过，即使这样，他也从未吐露一字怨言。

当他读到狄更斯小说，被其中的幽默片段逗得哈哈大笑时，他也不从内心认可狄更斯的作品，反而更觉得作者是个无知的人："他认为应当让人们都能得到温饱，周围的世界应该弄得舒舒服服，各式各样的人圣诞节都应有火鸡吃。坚决不许对他们下命令，不许控制，不许惩罚，而要奉劝他们，说服他们，诱导他们从善。然而永恒的法规并非如此行事，而恰恰相反。狄更斯没有写出一篇有助于这类人生问题的文章，不过还有些价值，值得睡前读来消遣消遣。"

卡莱尔以倨傲的语气这样评论狄更斯："狄更斯尽了最大努力，总是心情舒畅，永远带着微笑，"换言之，狄更斯跟所有优秀的艺术家一样热爱生活，所以他们也平静地乐于接受生活中的一切。

而在狄更斯的小说《董贝父子》中有这样一位妇女：“她有一种惊人的天生才能，把一切对象都看得极为不幸而可怜，引用可怕的先例向他们施加压力，而在这样做的同时他本人也得到极大的安慰。”这番话完全可以看作是对卡莱尔和其他许多个人主义知识分子的一种影射，这些人只会喋喋不休地谈论目前的可悲与未来的凄惨，而不管别人喜不喜欢。

狄更斯跟他们是完全不同的两类人，他尽可能努力使自己的每一天都过得充实而有意义。而且当他自己遭到不幸的时候，他也不会认为别人也都不幸。一次墨尔本爵士在宴席上说：“一切事物都不如想象中的那么好。”狄更斯立马接了下去说：“也不如想象中的那么坏。”

狄更斯认为作家不应该将自怨自艾作为写作的题材，更不能教读者自怨自艾。那种认为生活中只有悲伤和痛苦的人其实是自己在制造悲伤和痛苦，人们对非人道的行为感到愤懑，实质上也是对自己内心的邪恶感到愤懑。

5. 激烈的无政府主义

一个冬天的夜晚，天上正飘着小雨，狄更斯与一位朋友正走在华尔特彻波尔的泥泞中，当他们即将走近一家贫民收容所时，远远地看到收容所的墙边似乎有“五捆烂布团”，走到跟前才发现，那是五个姑娘。她们看起来很疲惫，但在她们的眼里更多的是绝望。

当时的临时救济处已被挤满，无法收容她们。狄更斯便立刻进去找到所长当面交涉：

“外面有五个可怜的姑娘，您知道吗？”

“我没见到，我想是有的。”

“您不相信她们在那儿吗?”

“我相信，也许还不止5个。”

“是男的？还是女的？”

“我想是女的，很可能其中有一两个昨天和前天夜里就在那儿了。”

“您是说通宵都在那儿吗?”

“很可能。”

当时，所长已经将带小孩的妇女都收留了，里面多一个都放不下。于是，狄更斯便走出来盘问这几个姑娘。她们虽然全都年纪轻轻，却又饿、又脏、又憔悴，致使面容和年龄显得有些不搭配。“每个人都万念俱灰，麻木无力。没人说话，也没人抱怨。没人朝我看，也没人感谢我”。狄更斯给了她们每个人够吃晚饭和住宿的钱才离开，心里不禁感到惶恐：一个社会制度竟然容许发生这类事，将来不知如何收场？

类似的情况还有许多，路有冻死骨的现象常常发生，然而对于这些，资产阶级却熟视无睹，经济学家还盲目乐观地宣称这里经济繁荣，黑心的商人们只知道自己发财了而独自作乐……这一切都被狄更斯看在眼里，他决定动笔写一部小说来让人们正视这个问题，这部小说就是《艰难时世》，它于1854年4月1日至8月12日在狄更斯的杂志《家常话》上连载。

为了让小说更具有真实性，他特地赶到正在举行罢工的普雷斯顿，然而当他到达那里才发现，那里的情况再平淡不过，完全没有出现他想象中的那种激动人心的场面。

“这是个讨人厌的地方，”他写道，“我下榻在公牛旅社，前不久人们再次集会，以为老板们在旅馆里，就要求他们出来，后来旅馆女主人只好亲自出来劝阻。一份意大利报纸上有一则报道:‘群众包围了公牛旅社，直到女主人在高层窗口英勇地露面讲话！’看来意大利人的这段描写，人们对他们的想象力表示佩服，因为事实上这家旅馆只是一幢陈旧的、污浊的、熏黑的、下等的、呆板的红砖房，门口狭窄，庭院昏暗。”

狄更斯要让人们正确看待英国的劳动人民，不应该对他们产生误解。他告诫一位记者说：“据我所知，英国人是普天之下最勤劳的人民。他们在空闲时读小说消遣，不干其他坏事，你们应该感到满意了。他们生来做苦工，直至死亡。天啊！我们还要他们怎样呢！”

1854年6月至10月，狄更斯一家又回到了布隆涅，居住在德乔埃营别墅。“房子是法国住宅建筑成绩的体现——到处是门和窗。风穿过窗子，吹开了每扇门，衣服和家具（比较轻的）都被吹得四处纷飞。今晨，我一件喜爱的衬衫飞到巴黎去了（从它飞的方向估计）。”当他将家里一切都安排妥当后，狄更斯又继续写他的连载小说。

在狄更斯一家人在那儿逗留期间，离他们居住的不远处建立了一座兵营，于是乡间驻满了士兵。此后，那里的平静被军号扰乱了。当时，女王的丈夫拜访了法国皇帝，他们还要在怀默鲁克斯附近举行检阅。一次，狄更斯在散步时正好遇到他们，狄更斯向他们脱帽致敬，皇帝和女王的丈夫也同样对他还礼。

7月14日，他说自己“七分疯三分醉，发狂似的写《艰难时世》”，终于于7月17日完稿。“一旦完成，我感到简直无法恢复冷静，即使像平常那样猛烈地东冲西撞，也无济于事。”所以，他径直冲向了巴黎，然后对威尔基·柯林斯描述他对消磨时光的想法：“尽情地胡闹，自由地放纵……请你半夜来和我一起用早餐（不论什么地方，不管哪一天都可以），不飞到田园生活的安静处所绝不睡觉，我乐意招待你这么一个坏伙伴。”

《家常话》立刻因为《艰难时世》的发表销量猛增，竟达一倍之多，但是这种情况并没有持续很长时间，因为狄更斯本身写这部小说的出发点是做宣传。这本书是献给卡莱尔的，因为狄更斯觉得它适合卡莱尔，而且卡莱尔一定会与书中表达的感情产生共鸣。他在书中向人们描绘了工业城镇中恐怖的生活现状，宣传在英国穷人和富人一样享受公平、平等与自由，并且抨击社会上的各种害人虫，尤其是那些表面上大谈为公众造福、实质上却是谋一己之私的人。

在小说里，典型的官僚主义思想也遭到了狄更斯的讥讽。他认为这种思想完全用科学精确性来否定理想的实现，把事实和数字看得更加重要，而对理想却不屑一顾。狄更斯毫不奇怪地发现，文化如今纳入了政府检察官的轨道，这种官员“奉上级指令负责创造政府机关的太平盛世，鼓吹政府官员理应治理天下。”

麦考莱称《艰难时世》为“忧伤的社会主义”，这种说法确实不够确切。如果称它为“激烈的无政府主义”，虽然也没有那么确切，但肯定要比前者更接近实质。穷人也想与富人一样享受这生活的美好？在麦考莱看来这个要求显然太过分了。

虽然《艰难时世》的主人公遭到老板的污蔑和同事们的诅咒，但是狄更斯总的思想并没有改变，他仍旧倾向个人主义、人道主义和反官僚主义。

尽管狄更斯通常忙于对公众事务的讨论和研究，他的社交活动却并未因此而阻断。1854年10月，他从布隆涅回到伦敦，发现人们都在为克里米亚战争而担心，其中福斯特显得尤为突出，一开口就好像唯有他一人知道该如何克敌制胜似的。“福斯特要指挥全局，”狄更斯给李·亨特写信说道，“他怀疑是否已经按他的主张在塞瓦斯托波尔战役之前把全部军舰投入了战斗，因此每逢星期四和星期五他就惶惶不安。为了他（也为了全世界），你最好还是不要在这两天去找他吧。”

狄更斯已经听腻了关于这方面的谣言和分析，为放松自己的大脑，他决定为私人慈善团体多搞几次朗诵。于是，12月份他们在累丁、布雷德福、舍伯恩朗诵《圣诞欢歌》。在布雷德福朗诵的时候，竟有“四千人聚在炉火旁”听他朗读。

这年年末，狄更斯写了几出小戏，演出地点是搭在塔维斯托克宅第的一个小场子，演员全是狄更斯的家庭成员。所以，他只选了少量观众来观看他们的演出。整场演出把萨克雷逗得乐坏了，期间竟然从椅子上摔了下来。报幕时说“第一个上场的是普劳尼希马罗迪古特先生（可怜他只好被人从床上抱起）”，其实这是狄更斯家里两岁九个月的小孩儿。

第十章　最后的辉煌

1. 难忘旧情

1855年2月，正当狄更斯和威尔基·柯林斯决定到巴黎去度假，突然收到了一封署名“温特夫人”的来信，这封信顿时掀起了他心中的波澜。这位温特夫人不是别人，她正是狄更斯二十多年前的初恋情人玛丽亚·比德奈尔。狄更斯看完来信，突然感觉曾经的岁月就在眼前。一直以来，狄更斯寻觅红颜知己的欲望都非常地淡，这种情怀常常在一种新的男性友谊和烦躁不安的情绪中得到释放。

温特夫人的一封来信轻易便让狄更斯对旧日恋人的爱死灰复燃，他甚至感到玛丽亚仍旧可能是他生活的方向。由于马上要启程去巴黎，无法安排见面，于是他给玛丽亚写了一封回信。信中说在他的心里一直都没有忘记曾经的一切，“往事依然历历在目，犹如我从那以后我一直生活在真空里，在自己房子以外的地方再没有看到或听到我的名字；要不是那样，我还有什么价值可言！写作和成功还有什么价值可言”。

狄更斯此刻完全沉浸在对往日情场失意的回忆中，他那丰富的想象力暂时停止了工作，完全不去考虑温特夫人在信中称自己已经“牙齿脱落、肥胖、衰老、丑陋”。他还告诉玛丽亚自己将要去巴黎，询问她在巴黎是否需要给她或她的孩子买些什么，最后狄更斯写道：“我头脑中有关你的记忆更加使我激动，我找不到适当的字眼了，这是任何其他人的书信无法做到的。”

到达巴黎之后，柯林斯身体欠佳，不得不待在旅馆里休息。于是，狄更斯只得独自在巴黎游逛。在巴黎，他收到了温特夫人的第二封来信。玛丽亚对狄更斯第一次回信中所表现出来的热情和对往日怀念的深情感到异常惊喜，想起当年她为了追求名誉和地位将狄更斯的爱拒之门外，结果却落得名利俱失。如今她觉得能和这位当代最著名的作家保持友谊，让世人都知道她是狄更斯最热烈的初恋情人也就心满意足了。

狄更斯立马在巴黎写了第二封回信，措辞比第一封信更加热情。他在信中称玛丽亚是自己青春岁月中的太阳，他的爱恋在玛丽亚那里遭到挫折后，他就再也回不到过去的纯真了。狄更斯还说是她赋予自己创作《大卫·科波菲尔》中朵拉的灵感，“我深信，说希望也无妨，你可能有一两次把书放下想‘那青年爱我爱得多深，他把往事记得多么真切！’”。

狄更斯在回伦敦的途中收到了玛丽亚寄来的第三封信，信中表示年轻时没能在一起，完全是因为某种误会。于是，狄更斯迫不及待地回信写道：“啊！字迹依旧，然而我读到的字句却是我以前从未读到过的。显然为时已晚，我还是怀着极大的激动心情读完了它。我怀着往日的柔情读着它，柔情化成更加悲哀的追忆，那种情形，我无法用简短的话语表达。”直到此时，狄更斯仍在和记忆中的玛丽亚交流，而完全没有想到现在的玛丽亚会是什么样子。

狄更斯一回到伦敦，便迫不及待地与久违的初恋情人见面。他所看见的玛丽亚完全不是曾经年轻貌美的娇小姐，岁月已经抹去了她的青春朝气，曾经在狄更斯心中的梦中仙子竟“变得如此臃肿而且十分平庸”，往昔“回头一瞥，我俩曾经泛舟其上的那条小河，总是愉快”的感觉瞬间烟消云散。尽管狄更斯竭力掩饰重逢的失望，但玛丽亚一定会从随后的《小杜丽》中认出这次会面的影子：

克伦南姆的目光一接触到他往日的爱人，他昔日的爱情便立刻荡然无存了……他离开弗洛拉时，她是一朵娇艳欲滴的百合花，现在却变成了一枝芍药。不过这倒也罢了，糟糕的是这位曾经在言谈和思想中似乎有一股迷人魅力的弗洛拉现在已变得傻里傻气，说起话来啰里啰唆。以前她那种受到溺爱而撒娇、忸怩作态的样子尚有几分可爱；此刻她竟然依然故我搔首弄姿，这就是致命伤了。

然而，在玛丽亚心里肯定还是自欺欺人地认为《大卫·科波菲尔》中的朵拉更像她自己，她收集了狄更斯所有的作品，并且情意绵绵地亲吻狄更斯坐过的椅子，她还经常自豪地跟别人讲自己年轻时与狄更斯恋爱的故事。然而，一切都是徒劳的，狄更斯在与这位俗不可耐的温特夫人相见后不到一个月，就果断地斩断了与玛丽亚的情丝。

尽管玛丽亚竭力想和狄更斯保持联系，但狄更斯总是回复她说，他每天都忙得不亦乐乎，并将很长时间不在伦敦。甚至玛丽亚的孩子夭折，狄更斯也没前去看望："我确信我还是不去看你为好，不过，我会想你的。"他最终委托乔治娜与玛丽亚保持一种礼节性的联系，于是，这两位女性偶尔互通书信。

就在他与玛丽亚见面之前，狄更斯在一份报纸上看到这样一则启事：位于罗彻斯特郊区的盖茨山庄待售。这正是当年小狄更斯与父亲散步时路过的那幢房子啊。

这让狄更斯立刻想起了当年父亲指着这座宅院鼓励儿子奋发图强的场景。如今，他的住宅的豪华程度早已超过了当年仰望的这座山庄，但是对狄更斯而言，那是他童年时代的梦。所以在与玛丽亚会面之后，他立即与卖主谈判，最终以1790英镑的价钱买下。将房子精心整修和装饰完毕后，狄更斯一家人终于于1857年搬了进去。

2. 《小杜丽》

早在1854年10月，狄更斯的心头便产生不安和惶恐，当时正创作《小杜丽》，由于一直“坐立不安”，他不得不“独自到一个难以到达的去处”。1855年1月，他“心绪紊乱，新作品的片段已经在污浊的空气中闪现，但因老之将至而感到的痛苦却又时不时地向我袭来。”

1855年5月，狄更斯在这部小说的创作中竟达到了“坐卧不安，茫然若失，无法自制的地步。这时我就像麦克白那样狐疑不决，像疯汤姆那样思路混乱，像泰门那样蓬头垢面、衣冠不整。我坐下写作，但什么也写不出，于是索性起身外出走了十几英里路才回家。翌日，重新伏案而坐，依然一字无成，于是再次起身。这次我沿铁路而行，找到了一处合适的地方，决定在那里住上一日。次日早晨回家后，我整小时整小时地溜达，拒绝任何约会，以便留下全部时间供自己使用。我自己对自己也感到厌烦，然而又不能从自我中解脱出来与别人和睦相处。我就这样一圈又一圈、一遍又一遍地转动着像一个轮子，直到它把我载到我人生旅途的终点为止”。

在这样的精神状态下，狄更斯在房间里踱来踱去，在住宅里不停地溜达，到了晚上跑到街上不断徘徊；与朋友约会，却又不去践约；既想去航海旅行，又想乘气球飞上天空；既想和大家待在一起分享快乐，又想一个人待在无人打扰的地方。他嘲笑自己，又为自己的情感或哭或笑，他甚至能在同一时间里表现得既像疯子，又像恋人，又像诗人。

就在这时，柯林斯将自己创作的《灯塔》剧本送给狄更斯看。狄更斯一看见剧本便想演出，也许演出是唯一能帮他脱离这种纷杂错乱状态的良药。狄更斯希望把这出戏搬上他在塔维斯托克寓所的小舞台，他全身心地投入到其中，并开始兴奋地排戏，那种劲头让人们感觉他已经将小说的创作忘得一干二净。

从此，他的家成了一个临时的排练舞台。所有的房间和走廊都挤满了人，美工、木工、服装设计师、灯光照明工程师和演员们都各司其职。此时的狄更斯又开始活跃了起来，在整个排练过程，他都在有条不紊地指挥着。每次排练后，精疲力竭的演员们坐下来一边吃晚餐，一边看狄更斯调制混合甜饮料，他那种认真的样子就像一个孩子在摆弄喜欢的玩具。

狄更斯在这出戏中串演灯塔管理人，他女儿演玛丽，马克·莱蒙、埃格和柯林斯等也参加了演出。6月中旬，此剧演出了三场，7月初又在坎普登为慈善事业募捐演出三场。观众们都哭了，而接下来的闹剧又使大家破涕为笑。这一哭一笑，主要归功于狄更斯。“啊，狄更斯先生，您除了演戏还要干其他事情真是件憾事！”一位女士对狄更斯这么说。

通过演出《灯塔》，狄更斯和柯林斯的关系更加密切了，他俩经常相聚在一起。1855年7月，狄更斯一家搬到福克斯通居住，柯林斯也一同前往。他们在那儿逗留了三个月。

狄更斯每天从上午九点工作到下午两点，然后就冲出家门尽情地活动三个小时：爬山，从山坡上往下奔，“沿着一个巨大险峻的陡坡往上爬”，“与其说是散步，还不如说是在匍匐”。

在那段时间里，狄更斯只是偶尔回到伦敦处理《家常话》杂志的事务，大多时间中他的脑海还是被《小杜丽》占据着。他每次写新的一卷时，“情绪紊乱至极，每隔五分钟下楼一次，每隔两分钟往窗外望望，其他什么也不干……我沉浸在自己的小说中，忽而热情高涨，忽而神情颓丧。”甚至在散步时他不放过故事的构思，“这部新作品处处包围着我，它漂浮在海面上，飞翔在白云间，荡漾在清风中。”

尽管这样，狄更斯还是会坚持腾出时间来与人通信：“每星期都有数百封信寄来，这些信都是我闻所未闻的各种各样的人写来的，他们提出各种与我没有关系的、可能或不可能的问题。”狄更斯每天都收到邀请他以慈善为目的的朗读请求，不过，他都一一回绝了。他只答应在福克斯通为一个文学机构朗读一次《圣诞欢歌》的邀请，前提条件是，允许工人协会会员花三便士买票入场观看。

10月中旬，狄更斯独自前往巴黎，为全家人搬往巴黎小住半年做了考察。结果让他非常满意，在“冬苑”前面香榭丽舍大街49号以月租七百法郎租到10多间房间。狄更斯的作品在法国也颇受欢迎。他再次成为大家热烈追捧的偶像。他刚到巴黎，当地报纸就报道了“卓越的小说家狄更斯爵士”或“狄更斯·博兹爵士”到达巴黎的消息。

有一次，狄更斯到一家商店买东西，老板看见他递过来的名片时，立即激动地大叫起来：“啊！这是著名的作家！先生的大名众所周知。我很荣幸也很高兴见到狄更斯先生。我每天都要拜读先生的大作。”一位搬运夫悄悄地对乔治娜说托加“很滑稽，极像我在加莱认识的一位太太”。

1856年初，威尔基·柯林斯陪狄更斯一家人待在巴黎。他们每天都在一起用餐，柯林斯还经常与狄更斯外出远足或看戏。狄更斯还与柯林斯商量着在下一个主显节前夕，他们要在塔维斯托克宅第演出一部新的情节剧。于是柯林斯开始着手编剧本，后来剧本就理所当然地成为了他们谈论的主要话题。

与此同时，狄更斯也没有停下对《小杜丽》的创作。《小杜丽》也给他带来了不错的经济效益，开头几期发行了四万多册，其印数甚至超过了《荒凉山庄》。狄更斯对这个结果并不意外，因为出版的每一期都是他苦思冥想、呕心沥血的成果。

有时他也会试图摆脱小说对自己的影响：“《小杜丽》萦绕在我脑际，使我头昏脑涨。我真想像我们这里那几个法国人所说的那样，把它搁下不管，独自躲进某个不为人知的陌生地方去，使自己的脑袋清醒清醒。”

每到这种时候，他便知道自己难以和家人和睦共处。狄更斯不仅在精神上感到不安，同时他的病痛也再一次向他无情地袭来，所以，当他动笔写新的一期时，描述自己“一会儿在各个房间徘徊，一会儿坐下，一会儿又起来，一会儿拨弄炉火，一会儿又注视窗外……”

他清楚自己的个性，他要活得与众不同，哪怕没有安宁的时刻。他总是不满足，总是在追求耗尽毕生心力也无法得到的东西。他的脑海中时刻充满了各种情节、计划、烦恼和忧虑。

从1855年12月起《小杜丽》开始在《家常话》中连载，直到1857年5月结束。很明显，读过《小杜丽》的人才会真正地明白，狄更斯在它上面所花的心血和显露出的才华。卡莱尔虽然非常欣赏书中对党派政府的讽刺，但是他太过于含蓄，尤其是在夸奖某人某事时，所以他只称赞它们“颇有几分可取之处”。而那些在克里米亚战争中深受官僚机制办事拖拉之苦的优秀士兵们则承认狄更斯对那些无法摆脱的纠缠者刻画得非常逼真。

狄更斯将其所有的弱点和优点都在这部小说中体现了出来。尽管《大卫·科波菲尔》更为动人，《尼古拉斯·尼克尔贝》独具一格，令人耳目一新，然而，《小杜丽》无疑是他才华最成熟的表现。

3.初遇艾伦·特南

1856年的秋天，狄更斯在努力创作《小杜丽》的过程中，总会挤出时间排练柯林斯的剧本《冰冻三尺》。10月底，狄更斯为了背熟台词，竟然走上二十英里路，他的这种行为“使得芬奇里、尼斯顿、威尔斯顿和毗邻乡村的人们大为惊骇。”那里附近的居民将他看作是从精神病院逃出来有杀人意图的疯子。狄更斯毫不在意，仍然为上演这部戏做着准备，当他看到剧中有一幕发生在北极的故事，便找出许多北极探险家写的书阅读。

狄更斯在戏中扮演一个失恋的人，这个人在关键时刻非但没有杀死情敌，反而亲自救了他，使他和恋人得以团聚。这个人自己却悲惨地死去，临死前他还喃喃地为那一对恋人祝福。1857年1月上旬，这部戏成功地上演了好几场，观众们看得时而欣喜若狂，时而伤心落泪。

6月初，狄更斯的老朋友道格拉斯·杰罗尔德去世了。狄更斯发现他们一家人陷入了经济困境，于是开始动手帮助杰罗尔德的家人。

为筹集杰罗尔德基金，狄更斯朗诵了三次《圣诞欢歌》，《冰冻三尺》也上演了五场。为了让演出获得良好的效果，狄更斯把每个细节都考虑得很周到。他认为曼彻斯特的剧场太大，乔治娜和他女儿的嗓音太轻，于是雇用了特南夫人和她的三个女儿来代替。

特南夫人是英国著名演员托马斯·特南的遗孀，狄更斯依稀记得自己小时候曾在罗彻斯特看到过他们夫妇的表演。特南夫妇曾赴美演出，载誉归来后他们成了几家剧院追捧的名媛。丈夫托马斯·特南先后担任过纽卡斯尔和堂卡斯特剧院的院长，直至1841年病逝。特南夫人便独自将3个女儿抚养成人。她曾经还与狄更斯的好友麦克里迪同台演出莎士比亚的名剧《哈姆雷特》、《李尔王》和《麦克白》等剧目。

特南夫人有3个女儿，大女儿名叫范妮，她热爱文学，后来成为一名作家，其长篇小说《玛格丽特姨妈的困扰》曾在狄更斯主编的杂志上连载；二女儿名叫玛丽亚，他美丽可爱，在三姐妹中最具表演特质；小女儿名叫艾伦，这年刚刚18岁，与狄更斯的次女凯特同龄，她身材娇小，一头浓密的金发更显得整个人清新亮丽。

特南夫人这位专业演员带着3个女儿一同加入狄更斯的剧团，使得狄更斯的玩票生涯达到了高峰。狄更斯欣喜不已，他仍演男主角理查德·华尔多，并安排特南夫人的二女儿玛丽亚扮演女主角克拉拉。

玛丽亚在男主角死去的那场戏中完全进入了角色，她虽然有着专业的舞台经验，但仍被剧情感动得不能自持，她抱着由狄更斯扮演的那位高尚的、为爱牺牲的理查德泪如雨下。眼泪顺着狄更斯的脸流向了他的胡子，甚至打湿了戏装，她却一点也没注意到，“她哭得好像心都碎了”。眼看着整出戏就快演不下去了，狄更斯悄声提醒这位姑娘道：“亲爱的姑娘，再有两分钟戏就演完了。”

他们逼真、动情的演出让两千多名观众感动得泣不成声。马克·莱蒙不仅多次看过整场演出，并且他自己还曾参演过，但他仍然忍不住哭泣。最小的妹妹艾伦在看完戏后，撇着嘴对两个姐姐说，她再也不会出嫁了，因为她心爱的那个男人已经死了。

柯林斯在看完那场演出后，不由得在自己的日记中赞叹道：

“狄更斯扮演主角，演得逼真、生动、哀婉，那些有幸看过他演出的人永生难忘……在曼彻斯特这出戏上演了两场，第二夜的观众达到3000人……狄更斯大显身手。那句老套话是对这场出色的戏的真实写照——精彩动人，全场为之倾倒。”

曼彻斯特的那场感人的演出对狄更斯之后的生活与创作都产生了深远的影响，这其中的各种滋味恐怕只有狄更斯自己明白。他在演这出戏的过程中，突然闪现出新的灵感，产生了创作的冲动，这就是后来的《双城记》。

当然，那次演出给他们带来了不错的收益，狄更斯将2000英镑捐给了道格拉斯·杰罗尔德的家人，而实际上，她们也确实需要这笔钱。那场戏，不但让狄更斯得到了人们的赞誉，募集了可观的善款，激发了写作的灵感，还让他在艾伦·特南身上再次点燃了爱的火花。

演出结束后，业余剧组的成员各奔东西。但是艾伦·特南那飘逸的体态，美丽的容貌和灵秀的气质却常常出现在狄更斯眼前。这是一种狄更斯久觅而不得的朦胧而美好的感情。他在给柯林斯的信中写道：“我突然照见自己的脸无精打采。我的空虚难以想象，无法言传，我的痛苦更是难以名状。”

9月，狄更斯实在无法控制思念艾伦的情绪，便叫上柯林斯，两人悄悄直奔向艾伦正在演出的地点堂卡斯特。狄更斯本来只是希望静静地待在观众席上默默地观看演出，但是周围的观众一下子认出了他。霎时间，整个会场的观众纷纷起立向他欢呼致意。这突然发生的一切让心里只想着艾伦的狄更斯不知所措起来。

艾伦回伦敦后，便和第一流的皇家剧院签订了演出合同，后来狄更斯还写信给剧院的经理勃克斯东向他致谢，由此可以想见，整个签约的过程狄更斯没有袖手旁观。

艾伦强烈地吸引着狄更斯，“自《冰冻的深渊》的最后一晚的演出至今，就没有过片刻的安宁，没有过点滴的高兴，我想谁也没有被弄到如此心灰意懒、神情沮丧的地步”。于是，他对自己的婚姻越来越感到不满，尽管凯瑟琳毫无过错，他还是埋怨她。实际上，狄更斯早在1855年就已经感到自己像大卫·科波菲尔一样未能寻得理想的婚姻伴侣。

一直以来，狄更斯压抑着心中的怅惘和失落，努力维系着这个家庭的完整。凯瑟琳也早已察觉丈夫对这段感情的失望，所以早在狄更斯创办《家常话》的初期，她便提过希望两个人分居的建议，但它立马遭到了狄更斯的否决。狄更斯的说法是，要对孩子们负责。而实际上，还有更重要的原因，那就是分居肯定会影响他的声誉。

对于狄更斯来说，他从来没有怀疑过维多利亚时代的礼仪习俗，甚至时时小心恪守，这便使得他更倾向于柏拉图式的对女性美的追求。然而艾伦的出现唤醒了这位性格演员与生俱来的一种特质：任凭自己的感情驰骋奔腾。他开始不安于总是观察别人生离死别的大悲大落，这次，他轻易地把自己当作了感伤剧中的主要人物。他和妻子的不和日久弥深，终于1857年10月11日狄更斯通知仆人安妮·布朗把他和妻子的卧室分开。

4.《双城记》

狄更斯发生家庭危机之后，他动辄发怒，与布雷德伯里、埃文斯、莱蒙以及所有对他的家庭纠纷持公正看法（他认为是偏见）的人闹翻了。他命令他的子女与这些人断绝往来，并且还希望自己的知己好友与这些人绝交。

狄更斯不愿意再和布雷德伯里与埃文斯继续共事，但后者拒绝出售自己的股份。狄更斯便开始着手搞垮这家杂志。他创建了一个由他全资控股的新杂志，打算取名为“和睦家庭”。福斯特知道后非常惊讶，他马上提醒狄更斯他现在的处境，与该名并不完全和谐。狄更斯立马反驳说：“显而易见，无论我作一篇什么样的故事，都会被人歪曲成如此荒唐的样子！”但他最终还是接受了福斯特善意的提醒。

后来狄更斯为杂志取名为《一年四季》。编辑部设在离《家常话》编辑部不远的威灵顿大街上。维尔斯担任他的助手，柯林斯也成了编辑部的成员。

1859年4月30日是《一年四季》的创刊号出版的日子，如狄更斯所料，出版的当天，《家常话》便陷入一文不值的境地。气愤的埃文斯与狄更斯到大法官法庭打了一场官司，最终结束了合股契约。狄更斯以3550英镑买下了杂志的财产，将其并入《一年四季》。他终于如愿以偿地成了杂志社唯一的老板。

狄更斯和美国出版商签了协议，约定每期杂志的版子都必须运送到美国，保证刊物在两地同时出版，这种约定的结果导致他必须提前两周定稿。因为新闻类的稿子有很强的时间性，狄更斯不得不割爱。所以，新周刊以文学作品为主，连载长篇小说成了它的主要特色，政治、时事、社会新闻则退居次要地位。

《一年四季》的成功和狄更斯在创刊号上连载自己的新小说有很大的关系，这部小说直到11月26日才连载完毕。创作的初期，狄更斯很难平静下来。家庭的破裂和在艾伦身上发生的感情使他不知道该从何入手。于是，他借着主演《冰冻三尺》时就产生的塑造一位英雄的冲动，将自己想象成一个无端被告受辱而甘愿牺牲自己，成全他人幸福的英雄。

狄更斯将整个故事的背景放在了世界近代历史的开端。为了将这个历史时期的风貌把握得更加真实，他还让卡莱尔找到关于法国大革命的权威著作进行研读。卡莱尔马上给他找来了两大捆与这一历史事件相关的书籍。狄更斯选择了名著《法国大革命》作为重点钻研，同时，他还非常赞同卡莱尔的观点：法国大革命是“神圣的公正天意对一个腐败社会的判决”。

《双城记》开始连载后，狄更斯的旧病又犯了，病痛使得狄更斯的写作速度慢了下来。但是，每当他一想到小说的主题，便禁不住“深受感动，无比激奋”，他觉得自己正在写有生以来最出色的小说。小说还未完成，他便急不可耐地期盼着扮演书中的男主角。

这部小说讲的是一个原本玩世不恭的公子哥，突然爱上了一名女子，于是在爱情的驱使和命运的考验下，整个人有了很大的变化，他变得非常崇高，为了拯救他所崇拜女子丈夫的生命，为了他们能够继续幸福地生活在一起，他甘愿牺牲自己的生命。狄更斯说：“本书主人公所做的和所经历的一切，对我来说感同身受，就如同我自己所做的和经历过的一样。”

1860年以来，因为创作《双城记》，狄更斯排解了许多郁结于心中的不快，同时怀旧之情也不免向他汹涌地奔来，黑夜中大雾弥漫的伦敦街区、巴黎的陈尸所、伦敦郊外的凄凉景象、伦敦的律师协会、伦敦城里废弃的教堂、自杀和贫儿问题成为他经常援笔写作的话题，他在《一年四季》上发表了许多关于童年的回忆和过去的见闻方面的随笔。翌年，他以《非商业旅行各地见闻》为名结集成单行本出版。

自10月开始，《一年四季》的销量逐渐下降，因为狄更斯·利弗的连载小说《乘车一日游》让读者极为反感。唯一能挽回这种局面的便是狄更斯的力作。实际上，狄更斯在9月份就已经开始酝酿他的新作了，他又将自己的作品《大卫·科波菲尔》翻开重新阅读，这或许暗示着新作将会与之有某些关联。

让狄更斯没有意料到的是，他的写作出版计划因为《一年四季》的销量下滑而被完全打乱。他本来打算和往常一样用20个月的时间每月一期出版新作，如今因为利弗小说的失败不得不改变策略。他将新作分成较短的章节，从1860年12月至1861年8月间分期连载在《一年四季》上。

在此期间，为了保证自己的工作质量，他租下了汉诺佛街3号的房子，待在那一写便是3个月。但他的身体却完全不配合他那旺盛的精力，由于坐骨神经痛发作，狄更斯不得不只身前往多佛的沃德爵士旅馆，过着一边休养一边写作的日子。

狄更斯在他的新作《远大前程》中一反过去的作风，采取以第一人称为主要人物的视角来阐述整个故事，于是主人公匹普从头至后成了全书的视点，比《大卫·科波菲尔》的叙述视角更统一，因为大卫出生前的事情并不是用大卫的视角叙述的。由此可见，为了能够给予读者更多的真实感，狄更斯一直都在探索叙述的技巧。

功夫不负有心人，《一年四季》因为《远大前程》的连载，再次将失去的读者又吸引了回来。1861年2月还没等小说载完，狄更斯便急着写信跟朋友说："这份杂志蒸蒸日上，《远大前程》大获成功。"就这样，杂志很快恢复并超过了曾经的销量，从那时起直至狄更斯去世，杂志的销量再也没有出现过严重的下降。

5.黄昏恋情

1865年6月9日，一辆由福克斯通开往伦敦的火车在途经斯塔普赫斯特时，驶入了一段因修理而拆除了的铁轨路基，结果八节车厢从桥上翻入下面的河中。从法国度假归来的狄更斯刚好在这趟车上，同行的还有艾伦·特南和她的母亲。当车厢剧烈颠簸时，艾伦不禁大叫起来，老太太也不时地发出怪叫，狄更斯一把抓住她们，冷静地对她们说："我们陷入困境，实属无可奈何，但我们可以保持镇静，请不要乱嚷乱叫。"

狄更斯被甩到车厢的一个角落，整个车厢也没有了晃动的迹象，他接着说："我敢担保不会发生更糟的情况了，我们的危险肯定解除了，现在我试试从窗口爬出去，你们就待在这里别动，好吗？"母女俩当时惊魂未定，只得听从指挥。于是狄更斯爬出了窗口，站在踏板上，这时他惊讶地发现他们乘坐的这节车厢"不可思议地挂在断桥边上，悬在半空中"，桥身已荡然无存，只剩下两根铁轨，桥下大约15英尺处是一片沼泽地。

其他车厢中的乘客们都惊慌失措。这时，狄更斯看见两个列车员跑了过来，于是朝他们大声喊道："等一等！请等一等！停下来看看我，你们知道我是谁吗？"其中一个回答说："我们非常熟悉你，狄更斯先生。""那就好，我的好伙计，看在上帝的份上，把你们的钥匙给我，再派一个工人过来，我要把全车厢的人都救出来。"

狄更斯用两条木板让车厢里所有的人都脱离了危险，接着他爬下桥基，用帽子装满水去援救受伤的乘客，他在受伤和垂危的乘客中忙碌了好几个小时。虽然狄更斯在这次车祸中镇定自若，舍身忘我，同时还表演了一场英雄救美的生活戏，可是他仍然没有感动艾伦那颗捉摸不定的心。

7年前狄更斯在曼彻斯特演出时爱上艾伦，此后便一直沉浸在浪漫与痛苦之中。在之前的家庭危机中，艾伦不希望自己和狄更斯的绯闻成为人们茶余饭后的谈资，而狄更斯也想尽各种办法维护着情人的名誉。尽管如此，他们的朋友和社交圈里的人仍在私下议论。

艾伦比狄更斯小27岁，虽然她对狄更斯这位远近闻名的小说家极为崇拜，但却从未萌发过爱情，她甚至一想到要和狄更斯亲昵，便会心生恶心。狄更斯却像一个没长大的孩子，一旦他想得到某个东西，他就必须马上搞到手，否则就要大叫大嚷。艾伦越是骄傲和自信，他就越欣赏，他锲而不舍的努力终于让艾伦屈服了。

但狄更斯并没有得到完美的胜利。艾伦之所以心动，并不是因为狄更斯的赤诚之心，而因为他的名望和钱财。艾伦家境贫困，只能靠打零工度日，她们姐妹几个的演技又不足以使她们在舞台上出人头地。狄更斯在经济上给了她们莫大的帮助。

艾伦为生活所迫，将安逸置于自己的贞操之上就不足为怪了。高兴的时候，她会主动去讨狄更斯的欢心。这让狄更斯觉得艾伦有情于他，他认为“她那种任性顽皮、多情的性格由于缺少一种持久的目标基础而显得轻浮，而且由于老是纠缠在一些鸡毛蒜皮的小事上，显得有点喜怒无常，然而这种性格仍然不失为迷人的”。

斯塔普赫斯特事件发生后，狄更斯一面继续对艾伦大献殷勤，一面煞费苦心地维护她的声誉。他吩咐自己的仆人每天给艾伦小姐送去各不相同的美食佳肴。同时叮嘱艾伦在她姐姐们面前要谨言慎行，“千万不要提起我的事，免得她们产生怀疑，惹出是非”，因为范妮那条长舌“比巨蟒的利齿还要锋利千万倍”。

然而这只是狄更斯的掩耳盗铃之想罢了。各家报纸争相报道了狄更斯和他的女伴出现在火车事故现场的新闻，人们又将这件事和以前的绯闻联系起来，这样一来，有关狄更斯和艾伦的传闻就不都是无稽之谈了。

既然已经毫无秘密可言，狄更斯也就不愿再忍受分离的痛苦。他于1867年初在坎伯韦尔的温泽别墅为艾伦租了一所房子。狄更斯每周去温泽别墅住几天，他的最后一部作品《埃德温·德鲁德疑案》中的部分章节就是在那里写成的。

当艾伦带着她的温柔、高傲和任性屈从狄更斯时，他以为他享受着有生以来的最大幸福。等到他发现艾伦并没有付出真心时，他内心异常痛苦，尤其是他的最后一次情恋失意发生在他蓬勃昂扬的精力正日渐离他远去的时候，这就使他格外感到痛苦和不幸。

6.只身赴美

美国南北战争结束后，各种委员会、经纪人、投机商等纷纷邀请狄更斯访美朗诵，他们表示愿意支付他一笔小说家做梦也想不到的巨款。虽然美国并没有给狄更斯留下什么好印象，但是因为有利可图，狄更斯也有所心动。

1867年11月8日，狄更斯一行登上“古巴号”客轮，开始了他的第二次访美之旅。狄更斯望着大洋的波涛，心情也随之翻腾着。尽管他出发前看到纽约的一家报纸对他的访美之行表示了极大的热情：“即便在英国，他也没有像在这里这样出名。亿万人都珍重他写的每一个字，千百万人都会不惜一切来观瞻给他们带来如许快乐的人。”但他早年发表的《游美札记》和《马丁·瞿述伟》深深触动了一些美国人敏感的神经，狄更斯对此次访问心存忧虑。

到达波士顿后，狄更斯发现自己的担心是多余的。几十年来，狄更斯在美国的读者与日俱增，制造商们纷纷借助狄更斯之名提高自己商品的文化味和竞争力。商店里摆放着用他创造的角色命名的商品：匹克威克鼻烟、小耐儿雪茄、曼塔里尼嚼烟等。

请柬像雪花一样飞来，但狄更斯此次访美的主要任务是朗诵，他必须精心保护好嗓子，所以他尽量不出席宴会。

以纽约和波士顿为主的东部大城市刮起了一股狄更斯旋风，很多剧院借着狄更斯访美的机会，争相上演根据他的小说改编而成的各种戏剧。不过这些戏剧丝毫没有拉走狄更斯的观众。

每次演出售票的前一天晚上，人们便蜂拥到售票点，在附近安营扎寨，等候购票。有身份的人自己不来彻夜排队，他的雇员或仆人就成了挨冻的替罪羊。到了清晨，不明就里的人还以为此处举行了一次规模空前的野餐会，男女老幼或坐在椅子上，或倚靠着褥垫，或裹着毯子躺在地上，熙熙攘攘，热闹非凡。有兴致的人还聚在一起大唱如《约翰·布朗的尸体》、《不到天亮不回家》等流行歌曲。

等到开始售票时，友好的气氛顿时全无。人们一拥而上，排在后面的人拼命往前挤，队伍被打乱了。警察事先就得到可能发生乱子的警报，所以早就严阵以待，他们挥舞警棒，大打出手，现场一片混乱。等到秩序恢复后，场地上就像刚刚交战过的战场。这种事在狄更斯演出期间屡有发生，人们已经司空见惯了。

12月3日狄更斯在波士顿的特莱蒙会堂举行首场演出。狄更斯朗诵的书目是《圣诞欢歌》。演出效果非常好，用狄更斯自己的话说："简直无法用语言表达。全城的人都为它发了疯……人们一开口就是朗诵会，对别的话题一概毫无兴趣，他们一致认为，在此之前还从未有过什么人能激起人们如此高涨的热情。"

表演完毕，掌声雷动，热情的观众挥舞着手帕向狄更斯致意。狄更斯的经纪人多尔贝站在一旁轻轻对他说："观众是一流的。"狄更斯兴奋地说："我知道。"接下来，狄更斯又朗诵了"匹克威克受审"，观众的热情有增无减。

在波士顿举行了四场演出之后，他们来到了纽约。纽约人仍像25年前一样，喜欢围观他。但是狄更斯觉得，"自我上次访问以来，这里的社会风气大有好转，人们变得彬彬有礼，互相谦让了"。

这年的冬季异常寒冷，狄更斯患了黏膜炎，一直到离开美国病情才有所好转。在演出的四个月里，他还不时受到感冒、头晕、咳嗽和气短的折磨，但是一旦他登上舞台，所有的病痛似乎全都烟消云散了。有时，白天他病得很厉害，人们都以为晚上他不可能登台朗诵了，但是到了晚上，他仍然意外地出现在舞台上。

狄更斯不愿意让自己的听众失望，他总能在演出时将自己调整到最佳状态。医生告诉他，他身体太虚弱了，不能额外再增加一次朗诵了。狄更斯说："只要能起床，任何人都无权在公众面前失约。"然而他最终不得不取消对美国西部和加拿大的访问。

4月18日，纽约新闻界在德尔莫尼科饭店为狄更斯举行盛大的送行宴会。之后，狄更斯便踏上了回国的轮船。美国之行让狄更斯极为满意，但他付出的代价也是巨大的。狄更斯拼上性命换来了金钱和荣誉，他在20周内举行了76场朗诵会，净收入近两万英镑。

7.最后的日子

狄更斯回到伦敦后，与查尔佩公司商定，在英国举行新一轮的朗诵演出。公司建议演出75场，而雄心勃勃的狄更斯打算演100场。在朗诵进行的过程中，狄更斯决定增加一出对《奥列佛·退斯特》中南茜被谋杀情节的朗诵。

1869年1月5日，狄更斯对谋杀情节的朗诵开始了。他先用平静的语气一一介绍了故事的情节和人物的性格。一切都铺排好之后，狄更斯的语调突然变得阴气森森，他用撕人心肺的声音模仿南茜恐惧的尖叫，那种让人心惊胆战的声音响彻了整个圣詹姆斯大厅。台下鸦雀无声，观众们都瞪大了眼睛，脸上露出恐怖的神色。朗诵以谋杀者的逃遁结束，罪犯那层出不穷的幻觉最后给人一种毁灭感。

这场朗诵给了观众极为深刻的印象。大家吓得连气都不敢喘，只有铁石心肠的人才敢去听第二遍。当狄更斯平静地走下舞台时，观众还沉浸在他营造的恐怖氛围中，呆若木鸡。直到狄更斯平卧在更衣室中的躺椅上时，观众才如梦初醒，他们立即对狄更斯报以暴风雨般的掌声和欢呼声。

多尔贝一直担心朗诵“谋杀”这种紧张的情节不利于狄更斯原本就虚弱的身体。不久，多尔贝担心的事还是发生了。狄更斯的双颊和眼睛四周日益显出深深的皱纹，精神也越来越差，仿佛一下子老了10多岁。医生命令他必须取消朗诵演出。那些购票的观众只得接受退票的现实。

狄更斯不得不回到伦敦寓所养病，著名的内科医生托马斯·沃森爵士为他诊治之后，在他的病历卡上记下了“脑损伤的初步症状”。沃森爵士告诉他，朗诵导致的繁忙、劳累和激动，使他面临着中风和瘫痪的危险。

考虑到自己的健康状况，狄更斯决定草拟自己的遗嘱。他于1869年5月起草了一份“最后的遗嘱”。遗嘱中首先宣布给艾伦·特南小姐1000镑不含遗产税的赠款。乔治娜将得到8000镑不含遗产税的赠款。他还留给凯瑟琳一笔数目相当的款子。长女玛米可得1000镑，如果她不出嫁的话，每年还可得300镑，直到她去世。剩下的遗产由他的孩子们平均分配。

狄更斯分配完财产后，又布道他的精神遗产：“我庄严地要求我亲爱的孩子们永远记住乔治娜·霍格斯给他们的大恩大德，他们应该全心全意地报答和爱戴她，要知道在他们成长和进步的每一阶段，她一直是他们无私的、忠心耿耿的益友。”

关于丧葬方面：“我强烈要求把我的丧事办得简单、朴素、不事声张，不要公布下葬的时间和地点，至多雇三辆普通的出殡车。参加我的葬礼的人不要穿戴披巾、斗篷、黑领结、长帽带或其他诸如此类的令人厌恶的奇装异服。我的墓碑上只需用普通的英语字母将我的名字刻上就行了，不必加上‘先生’、‘阁下’之类的称呼。我恳求我的朋友绝不要为我建立纪念碑、纪念堂或设立奖金，我的作品将足以使我的同胞记得我，而我生前与朋友们的交往也足以使他们对我深深缅怀。”

之后狄更斯就投入到新作的创作中。1869年圣诞节，狄更斯拖着肿胀的脚和家人、宾客欢聚一堂。他在致词时说：“愿上帝保佑我们明年圣诞节还能玩得这么开心！”然而这个愿望终究没能实现。

1870年6月8日，狄更斯像往常一样起得很早，他在瑞士小木屋里一刻不停地写作。吃晚饭的时候，乔治娜突然发现他神色痛苦。狄更斯说他一个小时前就已经感到不舒服了，但他坚持要继续用餐。他接着咕哝了听不大清楚的话，乔治娜只听到他说必须回伦敦。接着，狄更斯从桌边站起来，身体突然一晃，乔治娜赶紧扶住他，搀着他坐到沙发上。但此时的狄更斯浑身无力，他说了一声"在地上"，旋即倒在了地板上。

他的女儿们闻讯之后立即赶来。第二天儿子查利和亨利也赶了过来，从伦敦请来的雷诺兹医生诊断狄更斯患的是脑溢血，任何高明的医生都对他回春乏术。6月9日晚6时10分狄更斯突然浑身颤抖起来，然后吸了一口气，一大滴眼泪顺着他的脸颊淌下，他那疲惫的身体便永远地睡着了。

狄更斯，这位只接受过4年学校教育的都市童工，开创了通过小说进行社会抨击的传统。他凭借自己的写作天赋，以幽默诙谐的语言塑造了很多深入人心的形象，讲述了人间万象。他是英国维多利亚时代的一盏明灯，召唤人们回到欢乐和仁爱中来。在莎士比亚的墓碑上有一句本·琼生的祭辞：他不属于一代，而是属于万世。这一殊荣也属于狄更斯。

附录

狄更斯生平

查尔斯·狄更斯（1812年—1870年），是十九世纪英国最杰出的小说家之一，其声誉和作品早已越过英伦，为全世界的读者所熟悉。

1812年，狄更斯出生于英国朴次茅斯市。狄更斯幼年的时候，家中经济条件尚可，父母将他送到一所走读学校接受过一段时间的教育。但是狄更斯的父亲生性慷慨，又不善理财，使得整个家庭赤贫如洗，他本人也因债务问题而入狱。十二岁的狄更斯便被送到一家黑鞋油作坊做童工，这是一段极为黯淡的生活。即使在成名后，狄更斯也对这段经历讳莫如深，不愿向任何人提及。

等到家庭经济条件有所好转之后，狄更斯又回到学校。从韦林顿寄宿学校毕业之后，十五岁的狄更斯便踏入社会，在一家律师事务所做了几个星期的小伙计。后来他又担任专门采访下议院的记者，狄更斯干得非常出色，被大家称为“忠实的记录员”。

正是在这一时期，狄更斯开始在刊物上发表一些随笔。这些随笔写得十分出色，很快便吸引了人们的注意。后来他收集这些作品编成《博兹特写集》，这是狄更斯的第一部散文集。

1836年，狄更斯开始着手创作《匹克威克外传》，这部小说大受欢迎，狄更斯因此而一举成名。之后，狄更斯又创作了《奥列佛·退斯特》、《尼古拉斯·尼克尔贝》、《老古玩店》等广受欢迎的作品。

1842年，狄更斯访问美国，并在那里受到了史无前例的隆重接待。但美国之行让狄更斯极为失望，后来他将此次旅行的见闻写在《游美札记》中。

后来，狄更斯又写了一系列的圣诞故事。他的自传体小说《大卫·科波菲尔》是他本人最偏爱的作品。其后，狄更斯又创作了《荒凉山庄》、《艰难时世》、《小杜丽》、《双城记》和《远大前程》等小说，都成为他最为出色的作品。

狄更斯不仅是一位杰出的作家，也是一位出色的朗诵者。他从1853年开始举行公开的朗诵会，直到晚年，他一直沉浸在朗诵的快乐中。1870年6月9日，狄更斯因脑溢血与世长辞。

狄更斯年表

1812年2月7日，查尔斯·狄更斯出生于英国南部波特西近郊。父亲约翰·狄更斯，是海军驻该地办事机构的小职员。狄更斯从小听父亲讲故事，也喜欢唱歌和朗诵。

1821年狄更斯全家迁往伦敦。

1824年狄更斯之父因债务入狱。狄更斯开始独立谋生，在皮鞋油作坊当学徒。

1826年在惠灵顿书院毕业。

1828年到律师事务所当速记员。学会速记后，任新闻记者，以后多年为伦敦几家报社撰稿。他常去国会采访，记录辩论情况，从而看清了黑暗政治的内幕。业余时间，到大英博物馆勤奋学习。

1833年12月，在《月刊》杂志上发表短篇小说《明斯先生和他的表弟》。

1836年2月，出版三年内陆续写成的记述伦敦生活的特写集。署名为博兹。故书名题为《博兹特写集》。

1836年3月，长篇小说《匹克威克外传》的第一期发表。

1836年4月，狄更斯和凯瑟琳·霍格斯结婚。

1837年3月，开始在刊物上连续发表《匹克威克外传》。

1837年10月，全文刊载完，获得巨大成功，小说风行一时，畅销全国。此后狄更斯便专门从事文学创作。

1838年发表第一部社会小说《奥列佛·退斯特》。

1839年小说《尼古拉斯·尼克尔贝》出版。

1840年《老古玩店》开始连载。

1842年访问美国，并与美国出版商谈判版权问题。回国后，发表《游美札记》，记述所见所闻和他对美国的认识。

1843年1月，《马丁·瞿述伟》开始连载。

1843年12月，首次发表圣诞故事《圣诞欢歌》。

1845年发表《炉边蟋蟀》。

1846年10月，《董贝父子》开始连载。

1846年12月，发表圣诞故事《人生的战斗》。

1848年《董贝父子》最后一期出版。同年，发表圣诞故事《着魔的人》。

1850年出版自传体小说《大卫·科波菲尔》。

1853年完成并出版《荒凉山庄》和《儿童英国史读本》。

1854年写作并出版其代表作之一的《艰难时世》。

1855年长篇小说《小杜丽》第一期发表。

1857年狄更斯在伦敦会晤安徒生。

1858年与妻子分居。开始在听众面前朗诵自己的作品。以后作了几次国内旅行朗诵，获得很大成功。

1859年出版又一代表作《双城记》。

1860年发表《非商业性旅行札记》。

1861年《远大前程》出版。

1864年长篇小说《我们共同的朋友》开始连载。

1867年再度访问美国，并巡回朗诵自己的作品。

1869年着手写作最后一部长篇小说《艾德温·杜鲁德之谜》。

1870年6月9日，狄更斯因患脑溢血，猝然逝世。